L'ESPION

DE POLICE,

Roman de Moeurs,

PAR

E. L. B. DE LAMOTHE-LANGON,

AUTEUR

DE MONSIEUR LE PRÉFET,
DE LA PROVINCE A PARIS, ETC.

*

Regardez-les tous, la Providence a gravé sur leurs
traits, en caractères indélébiles, leurs
vices et leur infamie.

*

TOME DEUXIÈME.

PARIS
AMBROISE DUPONT ET Ce, LIBRAIRES,
RUE VIVIENNE, N. 16.
1826
IMPRIMERIE DE J. TASTU.

L'ESPION

DE POLICE.

IMPRIMERIE DE J. TASTU,
RUE DE VAUGIRARD, N. 36.

L'ESPION

DE POLICE,

Roman de Mœurs,

PAR E. L. B. DE LAMOTHE-LANGON,

AUTEUR DE MONSIEUR LE PRÉFET,
DE LA PROVINCE A PARIS, ETC.

Regardez-les tous, la Providence a gravé
sur leurs traits, en caractères indélébiles,
leurs vices et leur infamie.

TOME SECOND.

PARIS

DUPONT ET Cie, LIBRAIRES,
RUE VIVIENNE, N. 16.

1826

L'ESPION DE POLICE.

CHAPITRE XIII.

UNE AUTRE TENTATION.

*

On criait au voleur; il a pris la fuite.
Il s'est fait justice lui-même.
DULAC.

*

HENRI, accablé par la résolution de Geneviève, s'éloigna, la mort dans le cœur; il examinait avec une douleur amère la série des maux qui avaient pesé sur lui depuis sa naissance, et se demandait jusqu'à quand il aurait la force de les supporter. Il marchait le long des quais de la Seine, et plus d'une fois il agita avec lui-même s'il ne chercherait pas sur l'heure une fin à son infortune. Ses compagnons qui l'attendaient aux environs des Tuileries le virent venir à eux. Lachenal le premier s'aperçut qu'un regret intérieur troublait son ame, et il en augura bien pour le succès de l'entreprise qu'il devait tenter auprès de Rémond et des deux autres jeunes gens.

« Qu'as-tu donc, Henri? lui dit Molin, tu ressembles trait pour trait à une pompe funèbre.

» — Tu pourrais dire la vérité, lui répondit Rémond avec un sourire mélancolique.

» — Foin du souci! s'écria Dernon, et vive la joie! Amusons-nous; ne songeons qu'à satisfaire nos désirs. Allons, Henri, dis-moi ce que tu souhaites.

» — Des épaulettes d'officier; j'en ai besoin comme de vivre.

» — Rien que cela? dit Lachenal. Tes vœux sont modestes, on peut les satisfaire plus tôt et plus facilement que tu ne le crois peut-être.

» —Toi, Lachenal, tu me ferais nommer officier? Je ne te croyais pas autant de crédit : je dois voir en ce cas des choses plus surprenantes.

» — Ma foi, reprit Molin, il te convaincra comme il nous a persuadés; le misérable, qui n'a pu être un bon soldat, entend les affaires à merveille ; il n'est pas avare de promesses, et l'argent d'ailleurs ne lui manque point.

» —Eh bien ! dit Henri qu'une seule

pensée occupait, me donneras-tu les épaulettes ?

» — Avant un mois tu les auras ; il ne s'agira que de se conformer aux ordres qui te seront transmis.

» — Et qui me les intimera, ces ordres ?

» — Un homme dont tu ne repousseras pas la voix, dit Lachenal avec légèreté ; le général Marville, par exemple.

» — Je lui obéirai en tout.

» — Nous lui obéirons également, s'écrièrent les deux autres sous-officiers ; sur ce, Henri, allons boire. Lachenal nous invite une seconde fois. C'est un solide métier que celui d'imprimeur secret, on roule sur l'or ; et l'on régale ses camarades, ajouta Molin. En avant! marche, qu'on ne réplique pas : c'est moi qui conduis aujourd'hui l'escouade. »

Rémond en effet ne disait rien, il suivait en silence; trop de réflexions l'agitaient, il craignait de se livrer à un imprudent; il voulait obtenir Geneviève, et il conservait en outre une vieille rancune des passe-droits qu'on lui avait faits. Ce qui le décidait par-dessus tout était la promesse qu'il venait d'entendre que le général Marville conduirait le mouvement que l'on méditait; il n'en demanda pas davantage.

Lachenal n'avait garde non plus de s'ouvrir plus qu'il ne le devait; le temps n'était pas venu encore; il fallait seulement qu'il entretînt dans un état hostile les dispositions des sous-officiers. Le hasard ou la volonté de l'amphitrion conduisit la troupe joyeuse dans le cabaret où déjà Rémond avait été deux fois. Il était maintenant si troublé qu'il ne s'en aperçut pas ; et comme on leur donna un cabinet différent de celui où il avait mangé précédemment, il se crut dans un lieu absolument étranger pour lui.

On fit venir du vin, quelques mets simples, et le repas commença. La première santé fut portée en silence; un seul geste en indiqua l'objet. Lorsque fut venu le tour de la seconde : « Camarades, dit Dernon, à qui boirons-nous ?

» — Buvons, répondit Molin, au brave Henri, à ce zélé défenseur du beau sexe. » Les deux autres convives applaudirent.

» — A la santé de Henri Rémond, crièrent-ils ensemble, de manière à

CHAPITRE XIII.

ce que toute la maison les entendit. Zoé rentrait en ce moment, et elle éprouva un vif plaisir en apprenant que le jeune militaire qui deux fois l'avait secourue, était encore auprès d'elle. A ce premier mouvement elle en joignit un second, celui de chercher à se rapprocher de Henri, afin de le voir s'il lui était possible. Elle monta d'abord dans sa chambre, puis redescendant légèrement par un escalier dérobé, elle fut se placer contre une porte mal jointe qui permettait d'apercevoir ce qui se passait au lieu où étaient les quatre militaires.

Comme elle avançait sur la pointe des pieds, elle entendit tout auprès d'elle, dans un autre cabinet, une voix qui, à moitié étouffée, s'écria : « Le drôle, je l'arrangerai de manière à ce qu'il ne puisse plus se rappeler le double affront que j'ai reçu de lui. »

Zoé était quelque peu curieuse; ces paroles, d'ailleurs, étaient sinistres : elle regarda à travers un œil-de-bœuf placé en cet endroit pour éclairer l'escalier, et elle reconnut Teillon, dont les outrages avaient gravé dans sa mémoire l'odieuse figure. Il était assis à une table avec une de ces femmes l'opprobre de leur sexe, et qui, nées dans le vice, ne font aucun effort pour lui échapper. Elle pouvait être belle, car ses formes étaient fortement dessinées. Il y avait de la régularité dans ses traits, mais l'empreinte morale flétrissait ce que la nature lui avait prodigué. On voyait sur son visage l'abrutissement des passions grossières; les yeux étaient éteints à tout sentiment généreux ; elle vivait, non pour le plaisir, mais pour la débauche : elle n'aurait pas eu peut-être la volonté de commettre une bonne action. Il y avait à remarquer dans sa parure que l'ordre qui y régnait en partie provenait d'une main étrangère, car ce qui n'appartenait ni à l'ouvrière en mode ni au coiffeur, annonçait la paresse et la nonchalance de cette femme. La robe était fraîche et le schall déchiré, les cheveux tressés avec art étaient retenus par un peigne de corail à demi-brisé ; ses bas étaient blancs, et sa chaussure abîmée ; enfin jusqu'à sa parole traînante et rauque, tout était marqué au cachet de la profession et du caractère. Lorsque Zoé la regarda, elle s'occupait à tremper un doigt dans le vin de son verre, et puis à tacher la nappe par les gouttes qu'elle lançait cà et là; on eût dit qu'elle n'avait pas entendu le propos de Teillon. Cependant, après un moment de silence, elle lui répliqua :

« La colère, Teillon, est un mauvais conseiller, prends-y garde; ce jeune homme est brave, et tu n'en viendras pas à bout facilement : ce n'est pas un de ces béjaunes que l'on peut faire aller comme on veut; Athalie, qui était au salon de Mars, prétend qu'il t'enleva comme une plume; tu as voulu faire le crâne, qu'en est-il résulté? C'est qu'un bon enfant comme toi eut les côtes rompues d'abord, et puis après les désagrémens d'être conduit à la salle Saint-Martin. Tu me diras qu'on t'a relâché de suite, c'est vrai; mais si tu fais pis, crois-tu te sauver avec ta carte? Ne tombe

CHAPITRE XIII.

pas dans les mains de ces robes rouges ; il n'y a pas là de protection, et tu irais bêcher en pleine mer.

» — Tais-toi, oiseau de malheur ; suis-je donc un ahuri ? penses-tu que je l'attaquerai face à face ? Je ne ferai pas cette sottise. Mais lorsqu'il se retirera, la nuit sera profonde, pas d'étoiles au ciel, et sur la terre des lanternes qui n'en tiennent pas lieu : j'ai là une maîtresse lame, et son compte ne tardera pas à être bâclé.

» — Songe au tien si tu fais ce coup. Ne serait-il pas plus convenable de boire tranquillement une autre bouteille, de dépêcher une salade, et puis de se retirer sans bruit ? Tu es trop guerrier, cela ne convient pas aux bons amis des filles d'amour.

» — J'ai dit ce que je ferai, je ferai

ce que j'ai dit. Pourquoi est-il encore venu me chercher ici ? je ne pensais pas à lui lorsque son nom est venu réveiller la vengeance dans mon cœur. Buvons encore, je le veux. Va où tu voudras : je te laisse libre, et plus tard je viendrai te retrouver.

» — Oh non ! pas ce soir ; te voir cette nuit me porterait malheur demain. »

En écoutant cette conversation où le crime se montrait dans toute sa laideur, Zoé avait été sur le point de perdre connaissance. Le péril que Rémond courait put seul lui donner assez de force pour ne pas se laisser aller à un faible mouvement ; elle n'avait plus rien à entendre, et elle eût reculé à la vue de ce qui allait se passer : elle revint précipitamment dans sa chambre, et là elle écrivit à Henri en ces termes :

« Un lâche ennemi veille auprès de
» vous; il veut vous punir de votre
» vertu en vous arrachant la vie. Rap-
» pelez-vous le misérable que vous
» avez puni aux Champs-Élysées, et
» en vous retirant ce soir, songez qu'il
» apprête la trahison. »

Le style de ce billet était un peu élevé, cela ne doit pas surprendre. On lit maintenant, et les jeunes personnes font avec autant d'amour moins de fautes de langue et d'orthographe qu'on n'en faisait autrefois. Zoé remit son œuvre à l'un des garçons de son père, en lui disant qu'un commissionnaire venait de l'apporter à l'instant, avec prière de le faire tenir à son adresse. On savait que ce jeune homme soupait en ce moment dans la maison.

Ce ne fut pas une médiocre surprise lorsque Rémond reçut ce papier et en eut pris lecture. La forme mystérieuse de l'avertissement, l'avis en lui-même, et le péril dont on le prévenait, apportèrent quelque nouvelle altération sur sa gracieuse figure.

« Qu'est-ce, dit Molin, deviendrais-tu à la mode, Henri? Quoi! tu reçois des lettres aux lieux mêmes où tu ne savais pas devoir venir! Y a-t-il quelque sorcier qui t'ait dépêché le message d'un lutin fûté?

» — Peut-être, dit Lachenal, cette missive renferme-t-elle des secrets de la plus haute importance, » et en prononçant ces mots, il laissa voir sur son visage, une indiscrète curiosité.

« — Non, mes amis, répliqua Henri,

il ne s'agit ici ni de bonnes fortunes ni d'affaires au-dessus de ma position ; c'est un ami qui me prévient d'un péril que je cours, et qui n'est plus à craindre dès le moment qu'il m'a été révélé. »

Lachenal pâlit à ces mots ; il se hâta de prendre la parole : « Méfie-toi, lui dit-il, de ces écrits anonymes ; souvent ils partent de nos ennemis, qui ne nous les adressent que pour compromettre ceux qui nous sont sincèrement attachés.

» — Ce n'est pas ici le cas : on n'outrage point ceux que j'aime, on me signale ceux dont je dois me méfier.

» — Qui ! toi, dit Dernon, tu aurais des ennemis ! Où sont-ils donc ? Je certifie qu'il n'y en a pas un seul dans tout le régiment.

» — Aussi n'est-ce point là que j'irai le chercher. J'ignore son nom, sa demeure ; je ne sais qu'une chose, c'est qu'il est enrôlé dans l'infâme classe des espions de police.

» — Ah ! » dit Lachenal d'un air troublé, et le verre qu'il portait à sa bouche échappant de sa main, se brisa sur un coin de la table.

« Maladroit ! dit Molin, ne sais-tu pas tenir ce que tu empoignes ? (Et se tournant vers Dernon) : N'est-ce pas vrai, docteur, qu'*empoigner* est redevenu un mot d'usage ? »

L'allusion à laquelle s'attachait le sous-officier fit rire ses camarades, et nul des trois militaires ne s'aperçut du subit effroi de Lachenal. La conversation, un instant détournée, revint au sujet principal.

« Je gagerais mon sabre, continua Molin, que tu veux parler de ce drôle que tu arrangeas si bien l'autre jour aux Champs-Elysées. »

Lachenal alors demanda qu'on lui fît connaître cette histoire, et Dernon se chargea de la lui conter; elle ne lui apprit que ce qu'il savait déjà en partie. Le nom seul du défenseur de la jeune fille n'était pas venu jusqu'à lui, et il éprouva un moment de satisfaction en songeant qu'Henri avait puni Teillon qu'il ne pouvait souffrir. L'heure de la retraite allait sonner; les sous-officiers levèrent le siége; ils descendirent précipitamment l'escalier; et au passage de 'allée qui avait été éclairée par les soins de Zoé, ils rencontrèrent celle-ci; Molin, Dernon et Lachenal la saluèrent en passant. Henri, resté en arrière et la reconnaissant, voulut lui parler; mais elle, lui faisant un signe, lui dit à voix basse en s'éloignant :

« Partez, soyez prudent, et n'exposez pas votre vie. »

Ce peu de mots surprirent Rémond au dernier point; ils lui firent connaître à qui il était redevable du mystérieux avis. Il en eut beaucoup de reconnaissance; il eût même voulu la témoigner sur-le-champ; mais ses camarades étaient là, il redoutait leurs railleries, et il ne voulait pas exposer la réputation de celle qui lui rendait un pareil service. Il s'inclina seulement, ne laissant parler que ses yeux, et fut à pas lents rejoindre sa compagnie. Lachenal les quitta pour retourner à son poste, et les trois amis s'acheminèrent vers leur logement. Teillon ne parut pas.

CHAPITRE XIII.

Zoé avait su y mettre bon ordre, en l'enfermant à double tour dans le cabinet où il était avec sa maîtresse; et avant que la clef eût été retrouvée, Rémond avait fait du chemin, et pour ce soir Teillon ne le rencontra pas.

CHAPITRE XIV.

LE RÉCIT.

*

Oui, j'ai tout entendu, et chaque parole portait
la mort dans mon ame.
RÉTIF DE LA BRETONNÉ, *Paysan perverti.*

*

« Vous m'avez joué comme un enfant; et lorsque je vous croyais ma dupe, j'étais la vôtre.

» — J'aime que vous en conveniez, comte de Framond, répondit madame de Sédenart; il est bon que de temps en temps notre sexe vous prouve qu'il n'est pas prudent de lutter avec lui.

» — Mais pourquoi ne pas vouloir

m'apprendre où vous me conduisiez?

» — Ne m'en demandez pas la raison ; je ne la sais pas, je vous jure. On m'avait conseillé de ruser à votre égard, je l'ai fait; le reste vous regarde. Il y a matière à observation chez le général Marville, et je ne doute pas que vous n'ayez l'œil sur tout ce qui s'y passera désormais. Je vous apprendrai qu'on a voulu savoir de moi votre demeure; je l'ai donnée au lieu convenu, là où l'on ne trouve jamais ceux qu'on y va chercher, car le portier est seul pour répondre : « Monsieur est sorti : Madame » vient d'aller au bois de Boulogne. »

Framond, tandis que madame de Sédenart parlait, était tombé dans une profonde rêverie; il en fut tiré par la voix du valet de chambre qui annonça le chevalier de Fredeuil : celui-ci croyait trouver seule la maîtresse de la maison. Il parut désappointé en voyant Framond; mais le brillant aide-de-camp avait trop l'usage de la bonne compagnie pour témoigner son mécontentement. Il fit même plus encore, car il ne dit rien qui pût faire soupçonner au tiers incommode qu'il venait lui-même en ce lieu pour la première fois. Madame de Sédenart fut charmée de cette discrétion; elle ajouta à la haute estime qu'elle portait au chevalier; un sourire et un regard significatifs lui en donnèrent l'assurance.

La conversation s'engagea; elle fut légère. On effleura divers sujets : la cour, la ville en firent les frais. La dame connaissait une foule de personnages importans, des ministres, de ci-devant Excellences, des ambitieux qui aspiraient à l'être. Un tel duc lui prêtait sa loge aux Italiens, un autre venait à ses concerts; elle avait enfin des liaisons jusque parmi le clergé de la grande-aumônerie. Framond voyait aussi beaucoup de monde, et le chevalier, lancé dans la société des artistes, était instruit de tous les commérages de la nouvelle Athènes, où l'on jase comme ailleurs sur le compte du prochain, parce que là, comme ailleurs, le prochain est malicieux et les dames faibles.

La comtesse d'Elmar survint, et le cercle augmenta : celle-ci, moins au fait des événemens de la capitale, connaissait à fond tous ceux de sa province, et son bonheur était de narrer quelque longue anecdote, qu'elle racontait passablement.

« Eh bien ! ma chère, dit-elle en entrant, me remercierez-vous pour me récompenser de vous avoir fait connaître le baron et la baronne Marville ? N'est-ce pas là une famille parfaite ?

» — Je vous en dois, répondit madame de Sédenart, une entière reconnaissance. Le général est un homme accompli, sa tenue dans le monde est excellente ; j'aime beaucoup le gracieux caractère de sa femme, à laquelle je voudrais seulement plus de laisser-aller, et quelquefois un front moins sombre.

» — Excusez-la en faveur de ses malheurs ; elle et les siens en ont éprouvé de bien cruels. Vous ne regretteriez pas une soirée employée à entendre cette déplorable histoire.

» — Dites-la-nous ; ce serait nous rendre service. Le temps est affreux, nous sommes bien ici; allons, comtesse, nous voici prêts à vous entendre. »

Framond se leva comme pour prendre congé.

« Que faites-vous, monsieur le comte? lui dit madame de Sédenart; il pleut à seau, et vous partez lorsque Madame va prendre la parole : c'est se conduire avec peu de galanterie.

» — Je sens mon tort, répliqua Framond dont le son de voix était altéré; mais un devoir indispensable m'appelle à l'autre bout de Paris. Recevez mes excuses, et croyez à la sincérité de mes regrets.

» — Vous ne nous quitterez pas, répliqua la dame; ce procédé serait odieux.

» — Il paraîtrait au moins bien étrange, ajouta la comtesse d'un ton à demi-fâché.

» — Oui, vous avez raison, reprit la maîtresse du logis, nous sommes trop bien ensemble pour nous séparer; il est d'ailleurs impossible que monsieur vous manque à ce point, vous contez à ravir; il sera charmé de vous entendre. Enfin, pour terminer ce débat je vais prendre le moyen de nous assurer d'un captif, puisque nos instances ne peuvent retenir un ami. »

Elle dit, et de l'air le plus enjoué, elle courut à la porte du boudoir et en prit la clef; Framond, interdit de cette action, craignant d'employer de nouvelles instances qui deviendraient inconvenantes, se résigna à son sort; sans parler, et par une simple inclination de tête, il annonça qu'il acquiesçait à la volonté des deux dames. Le chevalier de Fredeuil était resté, pendant ce temps, indifférent à cette espèce de scène ; il jouait avec l'un de ses gants, et eût bien désiré que la comtesse, piquée envers Framond, levât elle-même le siége, et le laissât, par son départ, seul avec madame de Sédenart.

Chacun se plaça pour écouter le plus commodément qu'il lui fut possible. Framond, assis dans un fauteuil, se tourna de manière à ce que les rayons des lampes et les regards des assistans ne pussent arriver qu'imparfaitement sur sa figure ; tandis que le chevalier, par une autre manœuvre, avait cherché à mettre ses yeux en rapport avec ceux de madame de Sédenart. Les dispositions ainsi faites, la comtesse d'Elmar, s'adressant à tout son auditoire, commença la narration qu'elle avait promise.

« Si je voulais imiter les faiseurs

d'histoires, je débuterais par des réflexions générales, et je vous ennuierais positivement ; mais je n'ai garde de suivre de pareils modèles, et je viendrai d'abord au but. La famille de Samerval comptait parmi les plus anciennes de ma province ; elle avait joui d'une juste considération, lorsque ses diverses branches vinrent successivement à s'éteindre ; il ne resta plus que celle des vicomtes de Balvières, représentée par un seul enfant mâle et par sa mère. Celle-ci Italienne et née à Milan, après avoir passé sa jeunesse dans une folle dissipation, avait fini par s'abandonner aux pratiques superstitieuses de la plus minutieuse dévotion ; elle employait les journées à courir les églises, à se livrer à de perpétuels actes de piété, très-bons en eux sans doute, mais qui deviennent nuisibles lorsque l'on est à la tête d'une grande maison, et qu'il reste d'autres devoirs à remplir. Un personnage, revêtu d'un caractère sacré, ne tarda pas à s'emparer de l'esprit de madame de Balvières; il la vit riche, crédule et faible; il espéra profiter de ses richesses pour lui-même et pour ceux de sa robe : c'était un jésuite qui avait alors la prudence de se cacher sous le nom de Père de la Foi.

»Le premier soin du père Raignier fut d'éloigner de la vicomtesse le jeune Samerval; il décida qu'on l'élèverait non dans un pensionnat public, mais chez un paccanariste qui habitait Marseille, et auquel de temps en temps on confiait des jeunes gens dont on voulait abrutir l'esprit afin de les porter à devenir dans la suite les Séides d'un ordre justement exécré; Samerval fut donc conduit chez cet instituteur qui s'occupa à contenir son imagination, à l'accoutumer à se renfermer dans un cercle rétréci, et qui en même temps employa tous ses soins à éteindre les semences d'énergie et de fierté qui eussent pu, dans la suite, l'aider à combattre avec honneur contre l'infortune.

» Pendant ce temps, le jésuite, dirigeant la conscience et les affaires de la vicomtesse, porta celle-ci à placer dans ses mains, sous prétexte de bonnes œuvres, toutes les sommes dont elle pouvait disposer; il la poussa même à vendre plusieurs domaines dont le prix disparut successivement. D'une autre part, un mélange de sévérité et de complaisance coupable, exerçait une singulière influence sur le cœur du jeune homme. On lui apprenait tout à la fois l'hypocrisie et l'insubordination ; ses talens naturels n'étaient pas cultivés, on ne l'occupait que de l'histoire de la Compagnie dite de Jésus, et on voulait en faire, non pas un homme, mais seulement le successeur de sa mère en niaiserie et en crédulité.

» — Il faut avouer, dit ici madame de Sédenart, en interrompant la narratrice, que nous sommes heureux de nous connaître et d'être sûrs réciproquement les uns des autres comme nous le sommes ; car dans les circonstances présentes il est dangereux de mal parler de ces bons pères qui nous sont rendus pour l'édification des Français.

» — Ou pour le malheur de la patrie, ajouta l'aide-de-camp.

» — Ah ! vous ne les aimez donc pas ! reprit la dame.

» —Moi, les aimer, j'adore Henri IV. »

La comtesse d'Elmar, prenant aussi la parole à son tour, se targua de son excellent royalisme, et déclara néanmoins que les jésuites lui étaient en horreur, et qu'elle les regardait comme des boute-feux, qui, s'ils n'étaient pas réprimés, mettraient le désordre aux quatre coins du royaume ; le seul Framond garda le silence et la comtesse poursuivit son récit.

« Madame de Balvières mourut avant que la spoliation de sa fortune eût été complète ; des parens éloignés retirèrent son fils des mains de l'infidèle précepteur ; mais ce fut trop tard, le mal était fait et son caractère perverti ; il ne tarda pas à se signaler parmi les jeunes gens, qui, dans toutes les villes, en forment la partie honteuse, qui ne vivent que pour se livrer à leurs passions, et qui chaque jour méritent, par leurs excès, l'animadversion publique. On crut que le mariage retirerait Samerval de ses erreurs; on lui chercha une compagne, et on la trouva dans l'héritière d'une noble famille de la ville d'Arles. Mademoiselle de Saint-Elme n'était point belle, mais elle possédait de précieuses qualités; elle avait une ame aimante, elle s'attacha à son époux sans pouvoir cependant parvenir à le ramener complètement dans une bonne voie.

» A cette époque, et dans une maison voisine de l'hôtel de Balvières, vinrent habiter deux femmes de Montpellier, la mère et la fille, celle-ci nouvellement séparée de son mari, et que son inconduite avait contraint à quitter la ville natale. C'étaient des gens du commun; mais la jeune Ladoret, belle à ravir, grande et faite à peindre, avait une ame de feu et un cœur dépourvu de tous principes; sa mère, vile complaisante de ses erreurs, l'avait, par son exemple, pervertie de bonne heure, et maintennant elle achevait de la pousser au mal par d'odieux conseils.

»Vous connaissez peut-être l'usage de nos contrées méridionales, durant les longues soirées du printemps et de l'été; le peuple sort de sa demeure, et se rassemble devant les portes des maisons, soit pour continuer le travail, soit pour s'amuser à des jeux actifs qui peignent notre vivacité naturelle. Là, on peut à son aise admirer les jeunes personnes, filles ou mariées, parées de leurs seuls attraits, vêtues légèrement et plus séduisantes dans leur voluptueux négligé. Dans nos pays encore, il s'établit une sorte de familiarité vraiment libérale entre les diverses classes de la société : les gens de distinction, soit par leur naissance, leur rang ou leur fortune, obtiennent, sans contestation de leurs inférieurs, les témoignages flatteurs d'un respect qui n'est point forcé, et toutes les déférences qui sont si douces à l'amour-propre. Il est vrai qu'ils doivent, en revanche, se dépouiller de toute morgue, traiter, pour ainsi dire, de pairs et compagnons, tous leurs voisins et ceux du même quartier, causer avec eux au milieu de la rue, sans témoigner de l'impatience, ou les faire asseoir dans le salon, écouter leurs plaintes, les servir dans leurs procès, les soutenir lorsqu'on les attaque, solliciter pour eux les légères faveurs auxquelles ils peuvent prétendre, et surtout les protéger dans leurs querelles presque journalières avec les agens de la basse police.

» Il s'établit en conséquence des rapports intimes entre une haute famille et les familles voisines ; ce sont des patriciens véritables et des clients, et cet usage patriarchal subsiste encore dans un grand nombre de villes du Midi ; le plaisir d'ailleurs n'est pas étranger à ces rapprochemens; les enfans de qualité savent le prix des jolies grisettes, et l'amour plus d'une fois achève ce que la bienveillance a commencé.

» La femme Ladoret, dès son arrivée

CHAPITRE XIV.

à Marseille où elle n'était pas connue, se conforma à l'usage qui existait dans cette ville comme à Montpellier; elle parut sur le seuil de la porte de sa maison, parée modestement, mais belle de ses charmes. Elle avait le sourire gracieux, la voix argentine; elle était gaie, elle possédait beaucoup d'esprit naturel; aussi ne tarda-t-elle pas à faire sensation dans le quartier. Chaque soir la réunion dont elle faisait partie, était augmentée d'un nombre considérable de jeunes ouvriers les plus huppés, qui, tous séduits par ses manières, s'efforçaient d'attirer ses regards et de conquérir son cœur.

» Ce n'était pas ce qu'elle voulait, il lui fallait de plus importantes conquêtes; elle en avait besoin pour sa vanité et pour fournir aux dépenses que nécessitait sa parure. Elle avait d'ailleurs, il faut en convenir, une certaine et fausse élévation dans l'ame, dont le développement perd tous les jours les femmes de son rang; l'orgueil leur fait mépriser les hommages de leurs égaux pour ceux des hommes placés dans une condition supérieure. Avec les premiers, elles eussent été d'honorables mères de famille; elles sont des malheureuses flétries en se livrant aux autres; mais la qualité de leurs amans les égare, elles croient monter à leur rang : funeste erreur qu'il serait si utile de détruire.

» La jeune Ladoret, fière de sa beauté, ne laissait tomber que des regards de dédain sur les humbles adorateurs de ses charmes; mais chaque fois que Samerval passait, un gracieux sourire répondait à son salut, et un regard en-

CHAPITRE XIV.

gageant semblait lui dire que l'indifférence disparaîtrait devant lui. La Montpelliéraise était trop belle pour que son appel ne fût pas entendu avec plaisir. Samerval, qui depuis plusieurs années, traînait son cœur de passions en passions toujours honteuses et dépravées, diminuait par ses débauches la fortune de ses enfans (il avait alors un fils et une fille). Il crut pouvoir se rapprocher impunément de la jeune femme, pensant qu'il en serait quitte en payant ses faveurs.

» Un piége plus adroit l'attendait. On accepta ses soins; on lui donna en revanche un cœur qui n'avait jamais aimé, et qui cette fois connut le délire de la tendresse. Mais dépouillé de toute vertu et ne reposant que sur la volupté pure, cet amour impétueux étonna celui qui en était l'objet; il ne trouva plus dans son ame d'autres sentimens que celui que sa maîtresse lui inspirait; il ne put plus faire un pas sans elle ; il se rendit son esclave, et l'habile séductrice se hâta d'en profiter.

» Son premier soin fut d'amener Samerval hors de Marseille; elle lui représenta avec véhémence qu'elle était exposée chaque jour aux insultes des émissaires de la vicomtesse; que cette épouse légitime, abusant de sa position, la rendait odieuse à tout le quartier. Elle lui fit remarquer qu'en effet, depuis un temps, les voisines ne voulaient plus frayer avec elle, et lorsqu'elle descendait le soir, chaque femme de la réunion se retirait sous un prétexte quelconque; enfin, ajouta-t-elle en pleurant : « On n'a pas voulu dimanche dernier m'assigner une place dans la farandole.

» Cet acte de réprobation est en Provence le plus fort anathême que le peuple puisse lancer sur le vice; une femme exclue de la participation à la danse nationale, est dès cette heure complètement déshonorée; il faut, ou qu'elle quitte le pays, ou qu'elle se condamne à ne voir que des hommes. Samerval sentit douloureusement le coup qui avait frappé sa maîtresse; néanmoins, malgré le déplorable état dans lequel il était tombé, il ne pouvait se décider d'abord à faire un éclat qui le rejetterait également de la société; il n'avait aucun reproche à faire à sa femme. Déjà, il venait de lui causer un violent chagrin en la séparant de son fils qu'il avait envoyé au collège de Sorèze; et il lutta pour la première fois contre le désir exprimé par sa maitresse.

» L'ame impétueuse de celle-ci reçut un coup affreux d'une résistance à laquelle elle n'était pas accoutumée; elle n'avait depuis long-temps écouté d'autre voix que celle de ses passions. Séparée de son mari, qui, lassé de la poursuivre, avait quitté Montpellier pour aller à Paris; n'ayant plus sa mère qui était descendue au tombeau; seule donc et sans amis, sa volonté avait fait sa seule règle. D'une autre part elle aimait véritablement Samerval, et elle s'indigna d'autant plus lorsque celui-ci refusa de tout abandonner pour la suivre. N'écoutant alors que son désespoir, elle lui écrivit une lettre qui respirait l'amour le plus énergique; elle lui annonça que ne pouvant rester dans une ville où elle était déshonorée, elle la quittait sans retour, et qu'elle allait à Lyon, non pour y vivre, mais pour y chercher un tombeau. L'effet précéda la menace : elle n'était plus à Marseill lorsque cette lettre parvint à Samerval. »

CHAPITRE XV.

LE REMORDS.

Scelus aliqua (res) *tutum nulla securum tulit.*
SÉNÈQUE, *trag. d'Hippolyte*, act. 2, scen. 1.
Le coupable peut échapper à la peine du crime, mais il n'échappe pas au remords.

TANDIS QUE la comtesse parlait, Framond demeura dans une complète apathie. Il ne laissa connaître par aucun geste, par aucune parole, l'intérêt qu'il pouvait prendre à ce récit. Madame de Sédenart, au contraire, s'agitait beaucoup; elle accompagnait ses mouvemens de fréquentes exclamations, et en même temps elle regardait le chevalier d'une façon toute particulière chaque fois que la narratrice peignait le sentiment de l'amour. Néanmoins, quoiqu'elle fût doublement occupée, elle trouvait le moyen d'examiner de temps en temps la contenance de Framond, et surprise de son immobilité prolongée, elle dit à voix basse à l'aide-de-camp en le lui montrant : « Il dort....

» — Non, mais il souffre, » reprit le chevalier qui était placé de manière à voir la contraction des muscles de son visage, et qui s'en étonnait sans chercher cependant à en connaître la cause. Madame de Sédenart, accoutumée à ne pas laisser apercevoir ses pensées secrètes, fit semblant de ne pas avoir compris sa réponse, et la comtesse qui s'était un instant reposée poursuivit son récit.

« Samerval, à la lecture de la lettre de sa maîtresse, demeura confondu de la résolution qu'elle avait prise et exécutée avec tant d'énergie; il s'en montra blessé, et prit dans un instant de dépit la ferme résolution de renoncer à elle, et de chercher dans de nouvelles distractions les délassemens qui lui étaient nécessaires, et qu'il ne pouvait retrouver dans l'intérieur de son ménage; mais en même temps, il s'indigna des moyens employés par sa femme pour le contrarier en cette circonstance; et loin de se rapprocher d'elle il s'en éloigna davantage. Elle n'était point coupable, cette épouse infortunée; jamais elle n'avait songé à combattre autrement que par la douceur et la patience la folle passion de son mari; elle avait trop de vertus pour descendre dans une honteuse lice avec son odieuse rivale.

» Ce n'était donc pas elle qui avait fait insulter la femme Ladoret, elle en était incapable; mais ses amis, ses parens, ses voisins avaient fait à son insu et en sa faveur une ligue dont ils espéraient les meilleurs résultats. Leur triomphe devint complet lorsqu'ils apprirent le départ de l'objet de leur animadversion, et qu'ils virent que Samerval ne la suivait point. Il essaya de résister à la passion qui le dévorait; il parcourut les maisons de jeu; il se rapprocha de ses anciens compagnons de débauche; il tâcha d'occuper son imagination auprès de quelques autres femmes; ce fut en vain. Un mois après le départ de la femme Ladoret, le vicomte de Samerval oubliant ce qu'il devait à sa malheureuse épouse, à ses enfans, à sa famille, à lui-même, s'échappa, emportant les faibles débris de sa fortune, et courut joindre à Lyon le méprisable objet de son amour désordonné.

» Ce dernier acte de folie combla la mesure. On ne pouvait plus espérer qu'il rentrât jamais dans la voie de l'honneur, et madame de Samerval, frappée jusqu'au fond du cœur par un coup mortel, tomba dans un état de marasme qui éteignit rapidement en elle les sources de la vie. Elle expira, laissant une fille inconsolable et un fils séparé d'elle, qui n'eut pas la douloureuse satisfaction d'embrasser sa mère à son dernier moment. Madame de Samerval ne laissa qu'une médiocre fortune; elle s'était dépouillée en plusieurs circonstances pour venir au secours de son mari. Les parens rassemblés décidèrent que Julie, c'était le nom de sa fille, entrerait pensionnaire dans un couvent de Marseille, et que son fils resterait au collége de Sorèze jusqu'à sa dix-huitième année. On cessa en même temps toute communication avec leur coupable père, et pour donner à celui-ci une preuve solennelle du mépris qu'on lui portait, ce fut par l'envoi officiel, que le maire de Marseille adressa à celui de Lyon, de l'acte de décès de la vicomtesse, que Samerval eut connaissance de la mort de cette femme qu'il avait tuée. »

Ici Framond, sortant de sa taciturnité profonde, se leva brusquement et marcha jusqu'à la porte du boudoir; puis revenant sur ses pas, il s'assit sur son fauteuil et ne prononça pas une parole. Ce mouvement, que nul ne pouvait prévoir, occasiona un instant d'interruption. La comtesse d'Elmar eut presque peur et le témoigna. Le chevalier de Fredeuil allait ouvrir la bouche pour demander à Framond s'il était incommodé, lorsque madame de Sédenart, qui devina ce qu'il voulait faire, le retint par le bras avec assez de force et d'intention, pour lui faire comprendre qu'il ne devait pas paraître s'apercevoir des émotions du comte. Madame d'Elmar, de son côté, attendait des excuses de celui-ci : il n'en fit point, et parut s'être mis en mesure de prêter une entière attention à la suite de l'histoire, car il ne se remuait plus. Ceci le remit quelque peu dans les bonnes grâces de la comtesse qui continua son récit

CHAPITRE XV.

« Sorti de sa ville natale, jeté dans une nouvelle sphère, et tout entier subjugué par sa maîtresse, n'osant pas voir à Lyon une société dans laquelle avait dû parvenir le bruit de son inconduite, Samerval perdit par degrés les sentimens d'un homme d'honneur; il se lia avec ce qu'il y avait de plus vil et de plus abject; il écouta d'abord sans horreur le récit des prouesses des chevaliers d'industrie; plus tard il eut recours à de honteux moyens pour subvenir à son entretien et à celui de la femme Ladoret; lui au jeu, elle en parures élégantes, eurent bientôt achevé de dissiper le reste de sa fortune, et dès ce moment il fut entièrement perdu. La pauvreté abat les ames fortes; elle agit avec plus de puissance encore sur les cœurs faibles, sur les esprits affaissés sous le poids des vices. Samerval ne tarda pas à en donner la funeste preuve ; perdu par sa position, ne trouvant dans la femme qu'il aimait aucune délicatesse, il essaya de suppléer à sa misère par des ressources dangereuses. Une mauvaise affaire éclata, les tribunaux furent appelés à en connaître, et la participation que Samerval avait prise à de frauduleuses menées ne fut que trop prouvée. La fuite le sauva, mais l'infamie demeura attachée à son nom.

» Sa maîtresse, qui l'avait entraîné dans l'abîme, ne l'y laissa point quand il y fut tombé ; elle s'éloigna avec lui ; tous les deux prirent le chemin de l'Italie ; on dit qu'ils s'embarquèrent à Livourne pour l'Espagne, et que de-là ils passèrent dans le Mexique. Depuis lors leur trace a été perdue, et l'oubli enveloppe le couple misérable, s'il est vrai qu'il existe encore.

» La nouvelle de cet événement consterna en Provence les nombreux alliés de la famille de Samerval. La jeune Julie, à laquelle on ne put les cacher, descendit en les apprenant aux portes du tombeau; son âge et la vigueur de sa constitution physique la rendirent pourtant à la vie, mais elle se renferma dèslors dans une retraite absolue. Elle en est sortie par son mariage avec le général, qui, plein d'amour pour elle, et élevé au-dessus d'un malheureux préjugé, n'a pas craint de demander sa main et de lui devoir son bonheur. Telle est l'histoire déplorable qui inspire avec juste raison une grave retenue à la baronne; le souvenir de ses malheurs ne lui permet pas les élans d'une gaieté déréglée, et vous devez l'excuser si quelquefois dans un cercle bruyant elle devient pensive et mélancolique. »

Ici la comtesse terminait, lorsque tout-à-coup Framond, dont les yeux étaient mouillés de larmes, s'adressant à elle d'une voix altérée : « Et le frère de la générale, qu'est-il devenu, Madame? où est-il maintenant?

» — Le jeune homme, reprit la dame, est encore une des cruelles causes de la douleur de la baronne; il avait seize ans; il était à Sorèze, ainsi que je vous l'ai dit, lorsqu'un de ses camarades, Marseillais comme lui, reçut une lettre dans laquelle on lui racontait le jugement qui était survenu à Lyon contre Samerval. Le jeune imprudent, au lieu de taire une pareille nouvelle, l'ébruita;

et un méchant, il s'en trouve même au collége, eut la lâcheté de l'apprendre au malheureux adolescent.

» Celui-ci ne ressemblait pas à son père; il se vit déshonoré, et peu de jours après, ayant dans la nuit escaladé la muraille du parc de l'établissement, il partit, et depuis ce moment un voile épais couvre sa destinée; il n'a plus donné de ses nouvelles, et sa trace a été perdue comme celle du coupable auteur de ses jours. »

Framond borna là ses questions; un gémissement douloureux lui coupa la parole; il lui fut même impossible de joindre ses complimens à ceux que madame de Sédenart et l'aide-de-camp adressèrent à la comtesse. On causa sur les diverses parties de cette histoire, et on eût pu remarquer que Framond à deux reprises essaya de détourner la conversation sur un autre sujet.

Cependant la maîtresse de la maison songea qu'il était temps de lui rendre la liberté, et que peut-être d'importantes occupations réclamaient ailleurs sa présence.

« Beau prisonnier, lui-dit elle, il est convenable de faire tomber les liens qui vous attachent; allez où vos devoirs vous appellent; vous êtes libre, je ne vous retiens plus.

» — Oui, ajouta madame d'Elmar, Monsieur compte les instans qu'il passe avec nous.

» — Ce n'est pas le mot propre, Madame, s'écria Framond avec une expression singulière; il est d'autres sentimens que ceux de l'impatience, et surtout soyez convaincue que je ne vous ai pas écoutée avec ennui. »

Il s'inclina, et se retirant il s'éloigna avec une précipitation remarquable.

« Où avez-vous donc connu cet ours? dit la comtesse à madame de Sédenart lorsque Framond fut parti; savez-vous qu'il n'est pas bien élevé!...

» — C'est pourtant, répliqua la dame, un homme de grande qualité, fort bien vu dans la bonne compagnie, qui a servi avec les princes dans l'émigration, et qui était ami de cœur de feu mon mari.

» — Certes, reprit la comtesse, il ne nous a pas donné une haute idée de sa galanterie.

» — Ne lui en veuillez pas; ce que vous nous avez conté a éveillé en lui de pénibles souvenirs.

» — Tiendrait-il par hasard aux Samerval?...

» — Non, mais il a été trompé et abandonné par sa femme, et vous sentez que dans ce cas....

» — Oh! dit alors le chevalier, le gentilhomme est très-excusable, et madame la comtesse doit lui pardonner.

» — Hélas! je le fais de grand cœur; j'ai toujours éprouvé un vif intérêt pour les époux à plaindre, et M. d'Elmar en était bien persuadé; mais, ma toute-belle, puisque le comte de Framond joue un si beau rôle, il doit avoir beaucoup de crédit; faites ma paix avec lui et engagez-le à me servir; je vais vous mettre au courant de mon affaire que vous ne connaissez qu'imparfaitement. »

Madame de Sédenart frémit à ces paroles; elle craignait la longue histoire d'un ennuyeux procès, et pour détourner l'orage, elle se hâta d'assurer la provinciale qu'elle savait parfaitement tout ce qu'il fallait dire, mais que le comte de Framond était plus occupé de ses plaisirs que du soin de servir ses amis. « Je vous le donne, ajouta-t-elle, pour un franc égoïste; il vous promettrait beaucoup, et il ne tiendrait rien de ses promesses. »

CHAPITRE XVI.

LES ESPIONS.

*

Il a l'oreille au vent et l'œil toujours ouvert;
Ce qu'il ne peut pas voir, eh bien ! il le suppose.
DEVISÉ.

*

UN vieux proverbe prétendait autrefois qu'on ne pouvait passer sur le Pont-Neuf sans y rencontrer un moine, un cheval blanc et une femme complaisante. Je ne sais pourquoi on a négligé une quatrième espèce, qui pullule également à ce point central de Paris, et dans ce lieu où presque tous les jours chaque individu vient aboutir des divers quartiers de la ville : c'est celle des observateurs publics, de ces hommes placés en sentinelle pour envelopper tous les citoyens dans un vaste filet, d'où les innocens s'échappent presque toujours; mais où reste, en général, la masse des coupables. Ceux qui se chargent de veiller au maintien du bon ordre, ne sont pas récompensés de leur dévouement; la société ne leur en tient aucun compte; elle semble ne les voir qu'avec dégoût, et l'on craint leur fréquentation comme si elle était pestilentielle.

Est-ce une injustice ou un préjugé bon à conserver? Le cri public y répondra; il enveloppe de mépris tout ce qui est sourd et ténébreux, toutes ces investigations secrètes, où l'honneur et la vie des citoyens sont abandonnés à des êtres tarés pour la plupart, couverts de l'infamie, et qui sortent des bagnes et de tous les mauvais lieux, pour prendre une part subalterne à la conservation de la société générale. On les trouve, ces hommes-là, plus souvent au milieu des débauches de tous genres, que dans les asiles de la vertu.

Un lieutenant-général de police disait à un seigneur de la cour qui lui reprochait la bassesse des agens qu'il employait : *Il faudra que je continue à m'en servir jusqu'au moment où j'aurai trouvé d'honnêtes gens qui veuillent prendre leurs places.* Le seigneur se récria en disant qu'une telle profession était déshonorante. *Ne vous étonnez donc pas*, reprit le magistrat, *si elle n'est embrassée que par des misérables.*

Ce lieutenant de police avait raison,

et il suffit de regarder un instant cette troupe nécessaire, pour se convaincre que tous les vices ont dû passer par-là. Vous qui avez envie de les connaître, transportez-vous sur le Pont-Neuf; interrogez d'un regard attentif cette foule qui le parcourt en tous sens; vous ne tarderez pas à distinguer des hommes de tout âge, mal vêtus, qui ne pressent point leurs pas, qui ne regardent jamais la rivière, ni les admirables jeux de la lumière et des ombres; leur œil n'a qu'un seul point à examiner; c'est le visage des passans; il cherche à saisir les traits du signalement qu'on lui a donné, et il le retrouve avec une facilité admirable.

L'observateur payé a-t-il découvert un homme qu'il doit surveiller? il le suit à pas lents; il règle sa marche sur la sienne, descend les trottoirs avec lui, et l'accompagne dans les diverses courses qu'il fait dans la ville. Est-il las de le suivre? il fait un signe à un compagnon placé au coin d'un carrefour; il abandonne alors sa proie, bien assuré cependant qu'elle ne lui échappera pas; le nouveau limier qu'il a mis en son lieu lui en rendra bon compte. Quant à lui, fatigué de la course, il entre au prochain cabaret, rédige son rapport, et le charge toujours de quelque circonstance qui lui peut être personnellement avantageuse.

Ce jour-là, Teillon était de garde sur le Pont-Neuf; il n'avait pas perdu sa colère contre le sous-officier Henri, et ce ne fut pas sans dépit qu'il le vit à côté d'un officier-général qui lui parlait familièrement. Derrière celui-ci, et en habit de livrée, marchait Lachenal ; le militaire en haut grade était le baron Marville. Une soudaine joie éclata sur le visage de Teillon ; il comprit, à la seule vue de son camarade, que le général était suspect, et par suite il songea que peut-être il serait facile de pousser Rémond vers quelque tentative hasardeuse, dont les conséquences le vengeraient bien mieux de ce jeune homme, que des attaques directes dont le succès n'était pas certain.

Teillon n'avait pas d'esprit, mais il voulait mal faire ; et cette volonté fournit à l'homme le plus inhabile des moyens nombreux pour contenter son désir. Il suivit Lachenal, et le vit rentrer chez son maître qui logeait sur le boulevard Poissonnière. Alors il fut le demander, et l'engagea à sortir un instant avec lui.

« Connais-tu, lui dit-il, le jeune homme qui était avec ce général que tu accompagnais?

» — Oui, répliqua Lachenal ; il a servi dans le même corps d'armée que mon maître.

» — Et penses-tu qu'on ne puisse rien faire de lui?

» — Cela ne me regarde pas ; je joue ici mon rôle, et je n'irai pas doubler ma besogne, répliqua Lachenal, qui devina que les supérieurs n'avaient pas initié Teillon dans la trame qui s'ourdissait en ce moment.

» — C'est que, vois-tu, je suis certain que ce gaillard a de mauvaises pensées ; il serait bon de les encourager.

» — Libre à toi de le faire, si cela t'amuse; quant à moi, je n'en ai ni le temps ni la volonté.

» — Tu n'es pas un bon camarade.

» — Eh! de quoi te plains-tu? Chacun de nous n'a-t-il pas sa charge? Tu sais qu'on ne nous épargne pas la besogne; la mienne ne me laisse pas un instant dont je puisse disposer en ta faveur; sans cela, je ne reculerais pas s'il s'agissait de te rendre un service. Que veux-tu à ce jeune homme? où vous êtes-vous rencontrés?

» — Deux fois face à face, et que Dieu nous garde de la troisième! car l'un de nous deux y restera.

» — Diable! dit Lachenal d'un ton goguenard, je ne te croyais pas autant de bravoure. Quoi! tu t'es deux fois battu en duel? Ne serait-ce pas plutôt deux rencontres pareilles à celle où tu as tant brillé au salon de Mars?

» — Mauvais plaisant, n'achève pas de te faire haïr; tu y perdrais plus que tu ne penses.

» — Et toi, mon pauvre ami, tu pourrais y laisser tes os; mais, adieu; il faut que je rentre; j'ai beaucoup à voir là dedans. »

A ces mots, Lachenal quitta brusquement son camarade qui s'éloigna peu satisfait. La fortune ce jour-là lui en voulait. Il avait atteint le boulevard Montmartre, lorsqu'il rencontra les deux sous-officiers Molin et Dernon, qui erraient au hasard en francs militaires qui passent le temps sans savoir comment l'employer. Le premier le reconnut; il s'approcha de lui, lui fit une profonde révérence, et lui demanda gravement des nouvelles de sa santé, et s'il était déjà remis de sa chute. Cette impertinence indigna l'observateur ; mais il était lâche, et n'osa pas répondre de la seule manière qui fût convenable.

« Je ne sais ce que vous voulez dire, Monsieur, répliqua-t-il ; je n'ai pas l'honneur de vous connaître.

» — Je crois bien, moi, dit Molin, vous avoir rencontré allongé sur le pavé, en présence d'une nombreuse compagnie, et devant la porte principale du salon de Mars aux Champs-Élysées, un soir où vous aviez appuyé un peu rudement votre main sur la figure d'une jeune fille ; si je ne me trompe, je suis tout prêt à vous en rendre raison.

» — Vous êtes dans l'erreur, Monsieur, je vous le répète, répondit ce misérable en pâlissant et rougissant tour à tour.

» — Allons, Molin, dit alors Dernon en prenant la parole, ce Monsieur n'a pas plus de mémoire que d'honneur; il ne rattrapera pas celui-ci, et tu ne parviendras pas à lui donner l'autre. »

Ils s'éloignèrent, laissant Teillon écumant de rage et plus encore animé contre Rémond, sur qui il rapportait la vengeance de toutes les injures qu'il recevait. Il quitta les boulevards, et prit la rue Montmartre pour revenir sur le Pont-Neuf. Il traversa les halles, et le hasard, guidant ses pas, le conduisit dans la rue des Bourdonnais. Il vit de loin deux jeunes personnes qu'il ne tarda pas à reconnaître : l'une était Zoé et l'autre Geneviève. Elles entrèrent dans la maison où logeait celle-ci, et alors il se rappela que déjà il avait suivi la dernière dans le même lieu; c'était la fille de Framond, l'amie de Zoé, et peut-être aussi la bien-aimée de Rémond. Il interrogea sa malice naturelle, et elle lui répondit convenablement.

Les deux jeunes filles ne l'avaient point aperçu ; elles ne se doutaient point que le crime veillait auprès d'elles, et elles se séparèrent à la porte de l'appartement de madame Robal.

Ce même soir il y avait du monde chez le général Marville, une foule assez nombreuse remplissait ses salons; il n'y avait pas la cohue qui constitue un rout, mais le nombre suffisant d'individus pour établir une réunion brillante. Les femmes y étaient presque toutes jeunes et jolies; les hommes, loin de s'y montrer galans, paraissaient livrés, par petits groupes, à de sérieuses conversations : ici l'on jasait sur les dernières opérations de finances; là on témoignait quelques craintes du retour des jésuites ; on paraissait redouter que leur présence ne devînt funeste à la paix du royaume. Ailleurs on se rappelait notre gloire récente, et ces souvenirs amenaient tout à la fois des mouvemens d'orgueil et de regret; enfin quelques militaires, assis au fond d'un boudoir, causaient à voix basse, et l'un d'entre eux, les yeux tournés vers la porte de la chambre, paraissait veiller à ce que des curieux indiscrets ne pussent venir prendre part à une discussion importante.

Madame de Sédenart, M. de Clénord, Framond enfin, n'avaient eu garde de manquer cette soirée; ils y étaient bien affairés sans doute; on les voyait courir d'un groupe à l'autre, prêter à tout une oreille attentive, examiner les gestes, les visages, et se montrer mécontens de ne pouvoir pénétrer dans l'arrière-cabinet où étaient rassemblés les officiers-généraux de l'ancienne armée. Framond cependant était moins actif; il errait au hasard, préoccupé par de sombres pensées; il évitait surtout de se rapprocher de la maîtresse de la maison, et néanmoins, lorsqu'il pouvait la regarder sans être aperçu d'elle, on eût dit qu'il trouvait un douloureux plaisir à contempler ses traits.

Tout-à-coup les siens prirent une expression singulière. Il avait reconnu, assis auprès de la baronne Marville, et lui parlant avec une apparence de familiarité, le jeune homme qu'il avait chassé de chez lui, auquel il portait une espèce de haine, et qui aurait pu le signaler d'une manière désavantageuse s'il se fût rappelé leur première rencontre chez le marchand de vin. Ceci, comme on doit le croire, le contraria extrêmement; il balança sur ce qu'il avait à faire, et résolut d'abord de se retirer; mais ensuite, se confiant en la différence de costume et de position, il se flatta que Henri ne chercherait pas à établir une identité quelconque entre l'agent secret d'un pouvoir redoutable et l'homme de qualité admis dans la meilleure compagnie.

D'une autre part, il voyait en lui l'amant de sa fille, il le savait simple sous-officier, et trouvait étrange de le rencontrer dans un cercle où ses pareils n'étaient point appelés ordinairement. Se serait-il trompé autrefois dans ses conjectures, et le jeune homme ne serait-il pas un époux convenable pour Geneviève? Cette pensée qui l'occupait l'engagea à se rapprocher du général qui sortait du boudoir; il fut à lui, et, lui montrant Rémond qui causait toujours avec la baronne, il lui demanda si c'était là un de ses parens.

« Non, monsieur le comte, répondit Marville, ce jeune homme ne m'est rien par le sang, mais je lui suis fortement attaché par les nœuds sacrés de la reconnaissance; il est Belge, je suis Dauphinois; il servait lorsque je faisais la guerre, il me sauva la vie quand je voulais éloigner de la France le joug de l'étranger. Il a du mérite, mais il n'a pas eu de protecteurs; son courage lui a acquis la croix sans pouvoir le faire sortir des grades subalternes ; il est encore sous-officier, et le sera jusqu'au moment où l'on songera qu'il ne faut pas tout accorder à ceux dont le bon droit rencontre un puissant appui. »

Cette explication contenta Framond; elle ne changeait rien à ses idées, et pour le moment il cessa de s'occuper de Henri. Madame de Sédenart, sur ces entrefaites, l'appela lui-même ; il courut vers elle, et, aux signes qu'elle lui faisait, prit une place sur le canapé où elle était assise, et écouta avec attention ce qu'elle lui dit tout bas. Ils causaient ainsi lorsque le colonel de B.... s'approcha aussi de la dame. Elle cessa la conférence secrète dans laquelle elle était engagée avec Framond, et la conversation s'établit entre plusieurs personnes qui survinrent en même temps.

CHAPITRE XVII.

LA PERFIDIE.

*

Le propos de ce jeune homme est venu frapper à mon cœur.
Les Enfans de l'Abbaye.

*

Quelque temps après, la baronne, conduisant Rémond, l'amena vers madame de Sédenart. « Voici, Madame, lui dit-elle, un personnage trop timide pour vous rappeler lui-même que vous avez promis de le servir; ses amis désirent son avancement parce qu'ils l'en connaissent digne, et qu'ils regrettent de le voir ainsi abandonné dans un rang qui n'est pas le sien.

» — Soyez persuadée, Madame, répliqua la jolie coquette, que j'aurais déjà essayé d'être utile à votre protégé, si j'avais eu le plaisir de recevoir sa visite ; mais j'avouerai, avec toute ma franchise, que j'avais oublié son nom ; qu'il vienne de votre part me le rappeler lui-même, et j'emploierai des gens qui ne le feront pas languir. »

Après ces mots, auxquels Rémond répondit de son mieux, la baronne s'éloigna, mais le jeune homme se plaça auprès de madame de Sédenart, de manière à ne pas voir le visage de Framond. Dans ce moment, le colonel de B.... racontait une histoire assez piquante, et, lorsqu'il l'eut achevée, la comtesse d'Elmar lui demanda si elle était vraie, et de qui il la tenait.

« De bonne source, je vous assure.

Elle me vient de la propre bouche du commissaire de police de mon quartier, très-brave homme, et qui, parce que nous sommes voisins, vient me voir deux fois dans l'année.

» — Il est, reprit la comtesse, en position de savoir beaucoup de particularités intéressantes ; il y a tant de gens qui viennent les lui raconter.

» — J'affirme, reprit le colonel, que ce magistrat de police me dit parfois des choses qui m'étonnent. Les agens qu'on emploie savent tout, redisent tout, et je crains même qu'ils n'amplifient tout ce qui passe par leur canal.

» — Le Ciel nous garde, dit un autre causeur, d'être l'objet de leurs investigations, et surtout de nous attirer leur colère. Ils nous impliqueraient dans quelque mauvaise affaire, car, Dieu

CHAPITRE XVII.

merci, les agens provocateurs ne manquent pas.

» — Ah! s'écria Rémond, emporté par un mouvement dont il ne fut pas le maître, qu'il est déplorable que la société ait besoin d'employer de tels misérables, et que la profession qu'ils exercent est odieuse à tous les gens de bien! »

Madame de Sédenart se mordit involontairement les lèvres, et tout aussitôt se mit à jouer avec les plumes de son turban. Framond, de son côté, ne pouvant se commander, se tourna brusquement vers Rémond, avec une pâleur remarquable qui couvrit son visage irrité. Le jeune homme, à l'aspect de Framond, éprouva aussi un trouble extrême. S'il ne reconnut pas en lui l'homme du cabaret, il ne put méconnaître le père de Geneviève, et cette rencontre le confondit. Il baissa les yeux et demeura pendant quelques secondes dans un véritable embarras: cependant Framond s'était levé.

« Où donc allez-vous, comte? lui cria madame de Sédenart; vous me quittez, et j'ai encore force choses à vous dire. »

Henri, en entendant le titre dont on qualifiait le personnage, en éprouva un nouvel étonnement. Il ne pouvait douter que le père de sa maîtresse ne fût devant lui, et pourtant il le voyait admis chez le général Marville, décoré de plusieurs croix, et appelé comte. Ceci le confondait, et il ne put d'abord mettre ordre à ses idées. Il lui vint bien celle d'aller demander des renseignemens à la baronne, mais la prudence lui suggéra à son tour de ne pas se presser, et d'attendre du temps un éclaircissement dont les suites pourraient être désagréables, soit aux Marville, soit aux Framond.

« Du moins, se dit-il à lui-même, il verra que je ne suis pas perdu dans la foule, et que, si je ne parais ni noble ni riche, je me trouve dans une compagnie qui prouve en faveur de mes mœurs et de mon éducation. »

Il en était là de son monologue, lorsque le chevalier de Fredeuil, venant à lui : « Monsieur, lui dit-il, le général Marville vous demande. Allons le trouver dans sa chambre à coucher. »

Nous ne les y suivrons pas tout de suite; il est un autre soin qui doit nous occuper dans ce moment : le cercle qui s'était formé autour de madame de Sédenart ne tarda pas à se séparer, lorsque ceux qui le composaient eurent entendu les paroles qu'elle adressait à Framond. Celui-ci resta seul, et alors la dame, en le regardant:

« Eh bien! lui dit-elle, que pensez-vous de ce jeune étourdi?

» — Il m'a frappé au cœur.

» — Bon! que vous importe? il n'a pas eu assez de force pour m'atteindre aussi loin; mais je ne suis pas moins furieuse contre son insolence, et je déclare qu'elle mérite une éclatante punition; qu'il vienne chez moi, qu'il compte sur mon obligeance, je le servirai peut-être; mais je ne le mènerai pas au but où il se flatte d'aller.

» — Je vous seconderai de tout mon pouvoir, et je crois même que la prudence exige que nous l'éloignions de nous.

Alors Framond lui rapporta ce que le lecteur connaît déjà ; il ne lui tut même point ce qu'il avait pu deviner de l'amour réciproque du jeune homme et de sa fille, et lui prouva par-là combien il tenait à le faire disparaître sans retour, ou, tout au moins, à l'écarter pour long-temps.

« Vous m'en avez assez appris, mon cher, lui dit la dame ; je partage votre crainte ; il serait possible qu'il vous eût reconnu, soit pour vous avoir vu chez vous, soit pour s'être mis en opposition avec vous et les vôtres. Cependant, ou mon expérience du cœur humain me tromperait, ou nous ne devons pas redouter de sa part des révélations indiscrètes. Il aime, dites-vous, votre fille? Dès-lors il ne vous nuira pas, soyez-en certain; mais sa vue doit vous gêner, et, d'après son impertinence, il faut aussi que je le punisse. Vous savez quel grand coup on prépare? quel moyen on veut employer? Enveloppons-le dans le filet qu'on jettera sur ces insensés qui rêvent un changement impossible. »

Un geste de Framond exprima son consentement; il ne prononça pas une parole, car il avait vu M. de Clénord venir à eux: il ne connaissait pas cet individu, avons-nous déjà dit, et il s'éloigna après qu'il l'eut salué.

« Tout va bien, Madame, dit le nouveau venu; ces héros sont d'une crédulité, d'une simplicité sans pareille. Habiles sur un champ de bataille, ce sont des enfans dans un salon.

» — Quoi ! donneraient-ils dans le piége ?

» — Ils s'y précipitent tête baissée ; il leur semble que tout va leur réussir. Que d'actions de grâce la bonne cause n'aura-t-elle pas à vous rendre ! Vous servirez la religion.....

» — Je me contente, dit en riant madame de Sédenart, d'obliger les *bons pères ;* je les prie d'en avoir de la reconnaissance, et de ne pas oublier, après le succès, la pension qu'ils me paient maintenant avec tant d'exactitude.

» — Ne les soupçonnez pas d'ingratitude ; on ne peut leur reprocher d'avoir jamais abandonné leurs amis. Les esprits communs oublient les leurs dans la prospérité ; et *la Société* suit une marche plus savante : à mesure qu'elle gagne en pouvoir, ses adeptes, ses affiliés sont élevés par elle. Il faut que ceux qui l'entourent soient contens pour qu'elle soit satisfaite, tandis qu'implacable envers ses ennemis, elle les presse, les pousse, les foudroie de toute la plénitude de ses moyens; elle se montre, envers eux, toujours acharnée, et elle a raison. Ce qui donne des ennemis, ce sont les ménagemens que l'on garde vis-à-vis d'eux; on en augmente le nombre lorsqu'on épargne, lorsqu'on paie ceux qu'il faudrait exterminer; mais quand on ne pactise jamais avec des adversaires, lorsqu'on les repousse à l'instant qu'ils viennent à récipience, alors on imprime aux hommes une crainte salutaire, ils y regardent à deux fois avant de se déclarer contre un pouvoir formidable qui ne pardonne pas.

CHAPITRE XVII.

» — Et vous suivez le seul chemin, répliqua la dame, qui mène à la victoire; vous êtes assuré de n'avoir que des serviteurs dévoués, car on n'hésite, on n'est tiède, que tant qu'on a peur de n'être pas toujours soutenu.

» — La chose ne sera jamais avec nous, je vous le garantis; mais pour revenir à la thèse du moment, apprenez que là-bas, dans le cabinet, on discute, on se flatte du secret, et j'emporte déjà avec moi les noms des chefs de l'entreprise, qui, à dater de demain, seront suivis dans toutes leurs actions. Adieu, je me retire, je ne puis dire comme Titus : *J'ai perdu ma journée.* »

Clénord partit après cette infâme parodie de la fameuse exclamation d'un homme de bien; madame de Sédenart le suivit des yeux et demeura debout, livrée à de sérieuses réflexions. Elle prit aussi le parti de la retraite, et ramena la comtesse d'Elmar, qui, lorsqu'elle fut dans la voiture, se plaignit avec vivacité de l'impolitesse de Framond; celui-ci en effet ne lui avait adressé nulle excuse sur la conduite qu'il avait tenue lorsqu'elle racontait les malheurs de la famille de Samerval. Son courroux amusa madame de Sédenart, et pour se divertir davantage elle ne chercha pas à défendre Framond, elle abonda dans le sens de la comtesse; enfin, rentrée chez elle, et avant de se coucher, elle se plaça devant son secrétaire en se disant: «Et moi aussi il faut que je fasse preuve de zèle. »

Alors elle prit du papier et une plume, et sa main légère traça le billet suivant:

« Pourquoi ne vous ai-je pas vu ?
» car est-ce se voir que se dire deux
» mots devant deux cents personnes ?
» Quand viendrez-vous ? il me semble
» que le temps passe avec lenteur ? Ne
» vous en apercevriez-vous pas de-
» puis ?.... Ah ! chevalier, que je suis
» folle de me tourmenter ainsi ; je ne
» sortirai pas de toute la matinée ! Est-
» ce que vous resterez chez vous ? »

Elle plia en losange, elle cacheta soigneusement la missive, et recommanda à sa première femme de chambre de la faire remettre le lendemain de bonne heure, et ce soin pris, elle se coucha et dormit avec le calme qui ne devrait être que l'apanage de l'innocence.

Framond resta le dernier chez le général, il ne se retira que lorsque les parties furent achevées ; il avait joué avec bonheur, et eût été d'une humeur moins sombre, si le triple outrage qu'il prétendait avoir reçu du sous-officier n'eût pesé sur son cœur. Il ne l'avait plus revu depuis le moment où le chevalier de Fredeuil était venu le chercher pour l'amener auprès du général. Framond, malgré lui, revenait toujours à s'occuper de ce jeune homme; un instant il forma le bizarre projet de le rapprocher de sa fille; bientôt après il repoussa cette idée comme une pernicieuse inspiration.

« Non, non, dit-il, jamais je ne conduirai Geneviève à l'autel du mariage ! Il est des secrets qu'il faudrait alors révéler, et ces secrets, s'ils ne meurent point avec elle, mourront du moins avec moi. »

Tandis qu'il réfléchissait ainsi, il re-

CHAPITRE XVII.

gagnait, à pas lents, sa demeure, et était au milieu de la rue Montorgueil, lorsqu'un cri étouffé, et poussé non loin de lui, attira son attention. Framond était brave, il n'hésita pas à répondre à cette espèce d'appel; il s'approcha d'une porte enfoncée, et les rayons du réverbère prochain lui montrèrent une femme à demi-renversée dans les bras d'un homme; celui-ci, à la vue de Framond, s'écria :

« Ah! mon capitaine, voici une rencontre heureuse! vous m'aiderez à conduire cette pauvre créature chez elle. Nous venons d'ici près, on nous a régalés, elle s'en est donné en connaisseuse, et la voilà presque morte; cela n'est-il pas attendrissant? »

C'était Teillon en la compagnie de sa maîtresse Palmyre. Certes dans tout autre moment Framond eût laissé là le misérable ; mais il croyait avoir besoin de lui pour son nouveau projet ; et tout en le grondant, comme il méritait de l'être, il lui aida à ramener cette fille jusque dans sa maison. Elle était dans un état d'ivresse épouvantable, elle faisait horreur à voir, et ne pouvait inspirer qu'un dégoût invincible à tout être qui n'eût pas perdu un dernier sentiment de délicatesse. Teillon, au contraire, la regardait sans émotion désagréable ; il la raillait, il se moquait d'elle vis-à-vis de Framond qui ne lu répondait pas, il est vrai. Teillon ne s'e formalisait pas : toute vertu était mort dans son ame, le seul vice la remplissait

Lorsque Framond eut terminé cett corvée, il donna rendez-vous à Teillor pour le lendemain, et partit, impatie qu'il était de rentrer; son subordonné, en le voyant s'éloigner, dit avec un malin sourire :

« Tu as besoin de moi, je te servirai, si en te servant je puis te nuire. »

CHAPITRE XVIII.

LA JEUNE FILLE.

*

Comme douleurs de nouvel amassées,
Font souvenir de liesses passées;
Ainsi plaisir de nouvelle amassé,
Fait souvenir du mal qui s'est passé.
CLÉMENT MAROT.

*

Lorsque le chevalier de Fredeuil fut venu chercher Henri Rémond, celui-ci, comme nous l'avons dit, se hâta d'aller joindre le général Marville, qu'il trouva se promenant à pas précipités dans sa chambre à coucher. Il était seul; et quand les deux jeunes gens entrèrent, il s'arrêta; puis, prenant la parole :

« Eh bien, Henri, lui dit-il, tu ne songes pas à sortir de la position subalterne dans laquelle on te laissera vieillir, car tu n'es ni gentilhomme, ni attaché, du moins je le pense, à une des centuries de la Congrégation. »

Henri témoigna, par sa réponse, qu'il n'appartenait point aux jésuites, et que son espérance d'avancement disparaissait tous les jours.

« Il faut que cela finisse, reprit Marville; il est nécessaire de faire ouvrir les yeux au gouvernement, et de lui montrer avec franchise le gouffre dans lequel on veut le jeter. A Dieu ne plaise qu'on songe à changer l'ordre établi, que nous voulions pousser la France vers une révolution nouvelle; mais on doit abattre toute influence étrangère, soit qu'elle vienne de Rome ou d'ailleurs..»

Ici le général se tourna vers le chevalier, et lui dit : « Est-ce l'avis de votre chef?

» — C'est le sien d'abord; c'est ensuite celui de tous ceux qui veulent la gloire de la patrie.

» — Il faut donc se décider à frapper un grand coup. Les moyens se présenteront peut-être de le tenter avec succès; mais si l'armée tout entière ne s'en mêle pas, si les sous-officiers, les soldats restent immobiles, il ne convient pas de compter sur le succès. C'est à ce sujet, Henri, que j'ai voulu causer avec toi. Nous allons rester ensemble; vous pouvez vous retirer, Monsieur le chevalier, votre service vous réclame ailleurs. »

Alors Fredeuil se retira, et Marville poursuivant interrogea minutieusement Henri sur tout ce qui pouvait avoir lieu dans l'intérieur des régimens, sur l'opinion de la troupe, sur ses pensées et sur ce qu'elle souhaitait. Henri, dans sa réponse, fit ainsi que les hommes font toujours; on les voit accommoder constamment les circonstances à leurs désirs, donner pour des certitudes ce qui est à peine des probabilités, et assurer positive la chose la plus incertaine. C'est là l'écueil des conspirations, c'est la cause première qui fait qu'elles échouent au moment où elles éclatent. Jusqu'alors on a bercé les chefs, ou ils se sont laissé aller à croire eux-mêmes que le mécontentement contre le pouvoir établi est universel; il leur semble que la nation entière répondra à l'appel des premiers agitateurs. Ils n'en doutent pas, ils lèvent l'étendard de la révolte, et bientôt le complet isolement dans lequel on les laisse leur donne la terrible mais sensible conviction qu'il y a loin d'une bouderie permanente à l'envie de renverser ce qui existe. Henri donc, prenant la plaisanterie de ses camarades, les regrets des vieux sergens pour l'expression véritable de leur pensée, donna au général une idée fausse de l'opinion positive de l'armée.

« Si la chose est telle, dit Marville, et je ne vois point pourquoi tu te tromperais, il n'y a pas de temps à perdre, et il convient de frapper le fer quand il est chaud ; quelques autres et moi avons résolu de prendre une attitude qui nous permette de montrer au gouvernement qu'on le trompe, et qui puisse en même temps nous donner les moyens de le servir malgré lui, s'il le faut, dans le cas où, ébloui par les ennemis qui l'entourent, et que peut-être il croit ses amis, il essayât de repousser nos secours et nos avis.

» — Général, répondit Rémond, vous allez tenter une grande entreprise; elle réussira, j'aime à le croire, si vous la conduisez sans écueil jusqu'à l'heure où elle éclatera; mais avant cette époque combien d'accidens peuvent la contrarier ! Il ne me semble pas convenable que ceux qui doivent en être les chefs s'exposent dès le premier moment à des périls qui, s'ils y succombaient, entraîneraient la dissolution de l'entreprise elle-même. Ne vaudrait-il pas mieux que d'abord les hommes obscurs, ceux sur qui un œil vigilant ne repose pas, commençassent à préparer les esprits, à gagner ceux qui voudront s'engager avec nous, et à raffermir ceux qui déjà sont liés par un serment quelconque? Laissez - nous donc ce soin, à nous sous-officiers; patientez; ne vous compromettez pas, et j'ose vous répondre qu'un jour arrivera où vous n'aurez plus qu'à vous mettre à notre tête. »

La sagesse de ce propos ne fut point perdue pour Marville; il sentit combien Henri avait raison; mais son courage s'indignait à l'idée qu'il ne partagerait qu'une partie des dangers.

« Il ne peut pourtant en être autrement, lui répliqua le jeune homme; que pouvez-vous faire aujourd'hui? vous est-il possible, sans éveiller les soupçons, de parcourir les casernes, d'interroger les diverses chambrées? Y aura-t-il un seul de vos mouvemens qui ne vous rende pas suspect, et par lequel la vigilance des autorités ne soit pas éveillée? Alors tout sera perdu. Arrêtez votre générosité naturelle; comprimez-la, puisqu'il le faut; le moment qui vous permettra de l'écouter luira enfin, et alors vous paraîtrez. »

Le général, convaincu par ces propos, eut néanmoins beaucoup de peine à se rendre; son ame héroïque s'indignait de commander des périls qu'il éviterait, tandis qu'il serait obligé d'attendre ceux qui peut-être ne naîtraient jamais. Rémond s'aperçut sans peine de ce qui se passait en lui; il reprit la parole, insista de nouveau, et finit enfin par obtenir la promesse qu'il n'agirait qu'après avoir eu l'assurance qu'un noyau considérable aurait été formé de sous-officiers et de soldats de toutes armes. Cette conférence se prolongea bien avant dans la nuit, et comme Rémond, pour venir à cette soirée, avait obtenu la permission de son chef, il coucha chez Marville et ne le quitta que le lendemain à l'heure de l'appel.

Sa surprise n'avait pas été médiocre en trouvant dans le valet-de-chambre du maître de la maison son ancien camarade Lachenal. Cette rencontre lui rappela les tentatives que déjà celui-ci avait faites pour le gagner. Il ne douta pas alors que l'ex-soldat n'eût agi en vertu des ordres du général; il ne lui en dit rien néanmoins, par suite de cet esprit de prudence qui était une de ses principales qualités. Il est vrai qu'en cette circonstance il n'en donnait pas une grande preuve; mais il aimait, il était malheureux dans sa tendresse, et dès-lors la raison s'affaiblissait dans son cœur.

« Oh! se disait-il en lui-même, si je pouvais assez m'avancer pour qu'on n'eût pas besoin de demander à me mieux connaître, il se pourrait que dans ce cas son père ne me la refusât pas. Mais, à propos, son père, qui est-il? pourquoi le vois-je ici dans une position si différente de sa famille? Pourquoi ces titres, ces décorations dont chez lui on ne parle jamais? »

Ici Rémond fut s'imaginer qu'issu d'une noble et ancienne famille, Framond en reprenait les avantages dans le monde où l'on ne pouvait connaître la médiocrité de sa fortune. Cette croyance, loin de plaire au jeune militaire, ajoutait à son désespoir. Il vit qu'elle élevait entre Geneviève et lui une plus forte barrière, celle de l'orgueil, celle par conséquent qui, plus que toute autre, est difficile à franchir. Cette conviction l'encouragea davantage à tenter les moyens de se rendre considérable. Sa tête, son cœur fermentèrent, et il se trouva dans cette position qui porte à tout entreprendre pour en sortir, selon le désir qu'on a formé.

Rempli d'ambitieuses pensées, il se rendit au quartier, où il fut accosté par ses deux amis, Dernon et Molin, qui l'instruisirent de leur rencontre de la veille, et de quelle manière ils avaient fait endéver son méprisable ennemi. Rémond s'amusa de ce récit;

uis, prenant à part ses camarades, il eur parla à cœur ouvert, et sans leur emander le secret, il se confia en leur loyauté.

« Vive Dieu! dit Molin, tu parles, Henri, comme un homme; tu ne vas point par quatre chemins, ainsi que Lachenal qui nous paie à déjeuner, il est vrai, et qui ne sait que nous dire des demi-paroles; toi, tu vas droit au but. C'est ça, en voulez-vous oui ou non? Eh bien! je dis oui pour ma part; tiens, voilà ma main, et mon cœur est au bout.

» — Et moi de même, ajouta Dernon, cette paix nous étouffe; elle nous engourdit tous les membres; elle s'oppose à tout avancement; il faut un peu de guerre et surtout peu de prêtres; nous ne voyons plus que cela; ils viennent nous faire faire notre première communion, à nous qui n'avons peut-être pas reçu le baptême. »

Cette mauvaise plaisanterie fit rire Molin et Rémond; tous les trois se jurèrent une éternelle amitié, une discrétion à toute épreuve, et qu'ils essaieraient de faire entrer leurs camarades dans les mêmes vues. Chacun fut sur l'heure commencer le dangereux et coupable apostolat; nous ne rendrons pas compte du succès qu'ils obtinrent, ceci n'entre pas dans le plan que nous nous sommes tracé.

Les journées se passaient, et Rémond n'avait pas revu Geneviève; elle ne venait plus chez madame Robal, quelque promesse qu'elle eût pu faire à celle-ci, et quoique son propre cœur la portât à se rapprocher de son amant; mais plus elle luttait contre elle-même, et plus son amour s'exaltait; elle passait son temps à pleurer en silence, à regarder par la fenêtre si Rémond ne passait pas. Il venait souvent chez la couturière, et chaque fois il y rencontrait Zoé, toujours remplie de reconnaissance pour lui, et qui n'eût pas mieux demandé que d'y joindre un autre sentiment.

Henri un matin montait sur le Pont-Neuf, lorsqu'il vit près de lui cette jeune fille qui suivait le même chemin; elle le regarda en souriant, et lui convint qu'on ne pouvait être plus jolie; il s'approcha d'elle et lui demanda où elle allait.

« Bien loin, Monsieur, lui dit-elle; bien loin, là bas, derrière Sainte-Geneviève, dans la rue Copeau. »

Henri ne devait pas suivre cette route, il allait seulement dans la rue de Vaugirard, du côté de l'Odéon, et il ne songea pas à offrir son bras à Zoé. Tout-à-coup elle le prit avec vivacité, et le regardant avec des yeux remplis d'effroi :

« M. Henri, s'écria-t-elle, voilà le misérable qui vient à nous !.. »

C'était Teillon, qui, placé sur les marches de la statue du bon Roi, portait à l'entour son œil de faucon, pour examiner d'où viendrait la proie qu'il avait sans doute commission d'attendre.

« Que vous importe? répliqua Rémond, qu'il soit là, je suis ici; soyez tranquille.

» — Je le serai tant que vous reste-

CHAPITRE XVIII.

z auprès de moi ; mais il m'a recon-
e, et vous allez me quitter.

» — Je ne le ferai pas maintenant,
ademoiselle ; restez à mon bras et
annissez toute crainte. »

Teillon en effet avait reconnu le cou-
le, mais sa lâcheté lui inspira de ne
oint paraître l'avoir aperçu ; il eût
ertainement suivi Zoé si elle avait été
eule ; il n'eut garde de le faire en la
oyant sous la protection de Henri. Ce-
ui-ci lui lança en passant un coup-
'œil de mépris et continua sa route ;
oé, heureuse de l'avoir avec elle, ne
e possédait pas ; elle crut devoir lui
iontrer combien elle s'était toujours
occupée de lui, et insensiblement elle
finit par lui faire lire ce qui se passait
au fond de son ame, en même temps
qu'elle lui révéla le péril qu'il avait

couru le soir où il soupait chez son père, et de quelle manière elle avait déjoué la scélératesse de Teillon.

Henri n'était pas du nombre de ces êtres privilégiés, qui, remplis d'une vertu sublime, ne peuvent ressentir qu'un seul sentiment ; plus faible mortel, il ne se sentait pas la force de repousser avec rudesse le bien qui lui était presque offert. Cependant, rempli pour Geneviève d'un amour véritable, il ne voulut qu'offrir de l'amitié à Zoé; celle-ci se trompa sur le mot, un ami à Paris veut dire un amant; elle regarda Rémond avec une expression céleste, répondit à la pression de son bras, et lorsqu'elle rentra chez madame Robal, elle était pensive; qui la faisait ainsi rêver?..... Nos lectrices le devineront.

CHAPITRE XIX.

LA PERFIDIE ET L'AMOUR.

Malus bonum ubi se simulat, tunc pessimus est.
Feindre la bonté quand on est méchant, c'est mettre le comble
à la malice.
Syrus, *Sentences*.

Madame de Sédenart était de mauvaise humeur, et néanmoins jamais elle n'avait été plus jolie; elle s'était levée tard, avait dormi à merveille; son teint était reposé, ses yeux point battus, et un négligé charmant achevait de la rendre bien dangereuse; mais que lui faisaient dans ce moment ces avantages? Celui qu'elle attendait ne venait pas;

un bruit léger qu'elle entendit dans son salon, lui fit croire que le chevalier arrivait. Son cœur palpita, vaine erreur! mademoiselle Julie amenait un avocat qui aimait à jouer à la hausse et à la baisse, tandis qu'au Palais il défendait l'orphelin et tonnait contre l'agioteur. Madame de Sédenart lui avait paru une connaissance fort utile à cultiver; elle voyait beaucoup de gens en place; elle savait toujours à l'avance la tournure que prendraient les événemens politiques, et elle donnait au jurisconsulte d'excellens avis. Il est vrai qu'il les payait de temps à autre par un voile de dentelles, par un cachemire français, et par un déjeuner de porcelaine qui sortait de la manufacture de Sèvres.

Monsieur l'avocat venait prendre l'air du bureau; il avait touché la veille une

CHAPITRE XIX. 115

forte somme qui provenait de la reconnaissance d'un préfet charmé d'avoir obtenu sa séparation avec sa femme, et d'un tuteur qui avait gagné un procès que lui faisaient ses pupilles devenus majeurs. La vue des billets de banque qu'il apportait frappa la dame, et lui fit naître une foule de besoins qu'elle n'avait pas l'instant d'auparavant.

Une conversation animée s'engagea; madame de Sédenart parla d'une fourniture immense qui allait opérer un mouvement rapide dans les fonds publics; mais pour profiter de celui-ci, il fallait saisir le jour, l'heure peut-être, et le jurisconsulte logeait si loin, et puis on pouvait ne pas le trouver ou être sorti soi-même, et dans le temps l'occasion rapide aurait disparu. Il convenait donc que les fonds disponibles fussent confiés à celle qui saurait l'instant de les employer. Ceci fit bien quelque peine à l'homme de loi, mais comme grande était son envie du gain, il fit ainsi que font ceux qui lui ressemblent; il lâcha le positif pour l'incertain, et les billets de banque furent soigneusement enfermés dans le secrétaire de la dame.

On annonça l'aumônier d'une princesse, et le jurisconsulte se retira. Le nouveau personnage, malgré son titre, avait peu de crédit; il était perdu dans les honneurs obscurs de la chapelle, et il se sentait rempli d'une sainte vocation pour ceux de l'épiscopat; il s'était persuadé (c'était un esprit mal habile) que l'on parvenait maintenant aux dignités de l'Eglise par la protection d'une femme à la mode. Cela avait pu avoir lieu autrefois, mais de nos jours on n'est sacré qu'en suivant une autre route, et un abbé retors prendrait plutôt celle de la barrière d'Enfer. Le chapelain venait solliciter une bonne parole, on la lui promit, et il partit content.

Un receveur principal d'arrondissement convoitait une recette générale; il savait que madame de Sédenart voyait beaucoup les alentours de ceux qui pouvaient lui ouvrir le nouveau Pactole, et, pour y penser à son gré, il parlait d'abandonner une année entière de la récolte; on lui promit de l'appuyer; mais on avait des créanciers, et il importait de les satisfaire. Le financier comprit à demi-mot, et lorsqu'un nouvel arrivant lui eut fait quitter la place, il oublia sur une console deux rouleaux qu'il était dans l'intention de ne jamais réclamer. Plusieurs autres individus vinrent encore à la file; peut-être convenaient-ils aux intérêts de madame de Sédenart; mais celui qu'elle attendait ne venait point, et ce retard la contrariait vivement. Enfin le chevalier de Fredeuil se fit annoncer; Julie à l'avance avait reçu l'ordre de sa maîtresse, et dès ce moment la porte fut fermée à tout importun.

« Comment le recevrai-je? » Ce fut la première question que madame de Sédenart s'adressa. Le bouder eût été bien; mais on ne pouvait, cette fois, passer le temps à se quereller; il fallait l'employer à de plus utiles menées.

« Vous êtes bien aimable de venir me voir, lui dit-on, je ne l'espérais guère.
» — Vous me connaissiez mal; mon désir seul m'eût amené, lors même que

je n'aurais pas reçu ce billet enchanteur.....

» — Comment vous a traité hier au soir la fortune?

» — Elle a voulu me dédommager de votre absence, et le gain que j'ai pû faire ne m'a pas contenté lorsque vous n'étiez plus là. Et vous, comment avez-vous fini avec le wisk cérémonieux où je vous ai vue un instant attachée?

» — Oh! rien, presque rien; j'ai perdu une bagatelle; je ne m'en rappelle pas. Je suis rentrée fatiguée, j'ai passé une nuit affreuse, et je dois vous faire horreur.

» — C'est là un sentiment que vous n'inspirez pas encore; attendez trente ou quarante ans; alors peut-être........ Quelle folie! vous êtes belle à ravir.

» — Eh bien! j'ai peu dormi, mille

noires idées ont passé dans ma tête; je ne vois depuis un temps que malheurs, que catastrophes dans mes songes.

» — Vous devriez n'en faire que de dorés. Qui peut ainsi vous inquiéter?

» — Mon ami, dit la dame avec une expression enchanteresse et en tendant la main au chevalier, j'aime à l'adoration ma patrie; je la voudrais voir heureuse, et je souffre de ce qu'elle ne l'est pas.

» — Il est vrai que jusqu'à cette heure les choses ne vont pas comme elles devraient aller; il faut s'en prendre aux circonstances : celles-ci changeront, et alors.....

» — Toujours espérer, toujours attendre de l'avenir lorsque le présent nous accable, cela m'est insupportable, je ne le dissimule pas.

CHAPITRE XIX.

» — Prenez patience.

» — Je le ferais, si je savais que d'autres plus hardis, que des mains plus vigoureuses, s'occupassent en silence du soin de nous ramener à notre précédente splendeur; mais ne voir autour de moi que des êtres insensibles à notre abaissement, que des hommes occupés de soins puérils, de divertissemens futiles, voilà ce qui m'est odieux.

» — Pourquoi croire qu'il n'est chez tous les Français qu'une pareille insouciance? Il y a parmi nous plus d'un cœur ferme.

» — Vous les traitez trop bien; je vous assure. Non, tous les vieux lions sont engourdis, et les jeunes n'ont pas cessé les jeux de leur enfance.

» — Vous pourriez vous tromper.

» — Qu'en savez-vous? je vous le demande.

» — Je présume....

» — Ah! vous présumez! Oui, attendez, et vous verrez venir le règne du pouvoir absolu, de la féodalité et du jésuitisme. »

Un moment de silence suivit cette conversation. L'aide-de-camp était en proie à un combat intérieur, dont les signes externes étaient visibles ; on voyait qu'il faisait un grand effort pour se taire, et ceci contrariait madame de Sédenart. Jamais elle ne s'était montrée plus affectueuse, jamais plus séduisante inspiration n'avait embelli son beau visage; tout-à-coup elle leva la tête.

« A Rome, dit-elle, j'eusse été une Epicharis; ici, je ne puis rien faire

CHAPITRE XIX.

moi-même ; je suis seule, et seule je ne délivrerais point mon pays !

» — Que vos vœux, que vos discours, répondit Fredeuil, encouragent ceux qui hésitent ; peut-être de si nobles désirs seront exaucés.

» — Eh ! qui les entendra, lorsque vous ne voulez point les comprendre ? Dans quel cœur ma voix ira-t-elle mieux frapper ?

» — Que voudriez-vous que je fisse ?

» — Je voudrais..... Non, mon ami, je ne veux rien ; supportons le poids qui nous écrase ; aussi bien ne m'aideriez-vous pas à le soulever.

» — Quel injuste reproche ! Faut-il que j'entreprenne un ouvrage qui épouvanterait, non le plus intrépide, mais le plus vaste génie ?

» — Je voudrais, dit madame de

Sédenart, que vous eussiez en moi plus de confiance, que vous me parlassiez franchement. »

Et à ces mots des larmes parurent dans ses yeux. Fredeuil, troublé au-delà de toute expression, tombant à genoux devant elle, passa ses bras autour de sa taille, lui demandant en même temps la cause de cette subite douleur.

« Pourquoi vous l'apprendre ? lui dit-elle ; en vous le disant, je vous ferais rougir.

» — Moi !

» — Oui, vous, méchant que vous êtes, vous qui prétendez m'aimer et à qui j'en demande vainement la preuve.

» — Quoi qu'il doive m'en coûter, parlez, je vous satisferai sur l'heure.

» — Non, vous ne le ferez pas; vous croirez devoir ménager ce que vous appellerez ma faiblesse. Les hommes ont la vanité de s'imaginer que nous ne sommes pas comme eux capables de cacher avec énergie ce qu'il faut taire, et que nous nous épouvantons de tout ce qui peut effrayer. Eh bien ! puisque vos gestes me disent que vous ne me placez pas dans un rang aussi bas, répondez-moi sans détour. Je devine qu'un grand coup se prépare. Votre chef a de justes sujets de plainte à adresser au gouvernement; le baron Marville n'est pas non plus au nombre de ceux qui sont satisfaits; je les ai vus causer hier au soir, j'ai examiné l'air de leurs visages, scruté tous leurs mouvemens. Vous alliez de l'un à l'autre, vous parliez à des officiers d'un grade inférieur; vous êtes venu chercher auprès de moi ce jeune homme protégé par

Marville : ces mouvemens, ces agitations sont-ils indifférens ? me le ferez-vous croire ? Vous ne le pensez pas, sans doute ; et que me répondrez-vous lorsque je vous adjurerai de me dire la vérité ? »

La surprise du chevalier avait été grande, lorsque madame de Sédenart, en commençant à lui parler, lui avait fait connaître que, par sa perspicacité, elle avait deviné une portion de cet important secret. Peut-être qu'il n'eût point su déguiser la vérité, si elle lui avait été demandée de suite ; mais le discours se prolongea, et il manqua le but, parce qu'il avait voulu trop bien le frapper. Le chevalier eut le temps d'apprécier combien il devait dérober à son amie la connaissance de ce qui renfermait le destin de ceux qu'il aimait, et il prit son parti aussi rapidement que sa réflexion le lui présenta.

« Ce que vous exigez de moi serait impossible à vous accorder si j'en étais le maître; car, en le faisant, j'exposerais peut-être plus que ma vie; mais, grâce à Dieu, je n'ai rien à vous répondre, parce que rien de ce que vous soupçonnez n'a été traité hier au soir. Des conversations insignifiantes ont eu lieu; elles sont même sorties de ma mémoire. Quant à la commission que j'ai remplie devant vous par l'ordre du général Marville, je n'y soupçonne pas un but mystérieux; je n'ai pas assisté à ce qui a été dit entre les deux interlocuteurs; tout ce que je puis conjecturer, c'est qu'il n'a été question que d'affaires de famille. »

Madame de Sédenart savait trop bien

ce qui avait dû être traité dans les diverses conversations qu'elle avait signalées pour abandonner son idée et suivre la route de déviation que le chevalier lui traçait; d'une autre part, elle était indignée de ne pas régner assez despotiquement sur le cœur de cet officier pour pouvoir l'amener à des révélations qui lui étaient nécessaires; toutefois, elle se garda de lui faire connaître la profondeur de son mécontentement; elle se montra chagrine, offensée même de la réserve qu'il témoignait à son égard, et elle continua à parler dans le même sens jusqu'à l'heure où l'aide-de-camp la quitta : celui-ci, fier d'avoir soustrait son secret aux sollicitations de l'amour, demeura persuadé qu'il triompherait de toutes les autres tentatives.

« Quelle femme ! se disait-il ; comme son ame est grande, est exaltée ! Oh ! comme par sa présence, par ses discours elle enflammerait ceux qui hésitent encore, ceux qui, sous les vêtemens de notre sexe, ne portent pas un cœur aussi héroïque que le sien ! Elle serait utile à notre entreprise ; oui, elle nous servirait. »

Et en rêvant ainsi, il s'éloignait lentement, il pensait à sa maîtresse, et la confondait dans les rêves de gloire et de bonheur qu'il formait.

CHAPITRE XX.

LA DÉCORATION INDISCRÈTE.

Toujours par quelque endroit fourbe se laisse prendre.
LA FONTAINE, *liv.* 3, *fab.* 13.

HENRI n'était point satisfait; Geneviève ne sortait pas de sa pensée que Zoé n'avait pu occuper qu'un moment. Il se trouvait dans cette position où l'ame mécontente d'elle-même se rappelle avec dégoût ou effroi le passé, et cherche pour échapper à elle-même à se réfugier dans les profondeurs de l'avenir. Jusqu'alors sa vie n'avait pas été heureuse, il ne le savait que trop, et pour se distraire il se livrait à des rêves brillans qui ne pouvaient néanmoins le contenter.

Mais si, préoccupé de son amour, il en ressentait une douleur mêlée de remords, Geneviève, plus à plaindre encore, avait peine à contenir les émotions qui remplissaient son cœur. Un homme est distrait, au milieu de la plus forte peine, par la variété des objets qui le frappent tour à tour; rarement il reste en place : il a cent causes qui l'occupent au moins momentanément. Il n'en est pas ainsi de la femme; presque toujours elle est seule; elle demeure renfermée dans les mêmes lieux où les mêmes objets frappent continuellement son regard; le travail de ses mains n'entraîne point l'attention de son ame : celle-ci reste tout entière à ses chagrins.

qui s'accroissent par la solitude et la concentration.

A ces motifs généraux la fille de Marguerite en joignait de plus douloureux encore, qui prenaient naissance dans l'énergique mélancolie de son caractère. Naturellement portée à réfléchir, à se replier en elle-même, elle n'était pas communicative ; elle cachait avec soin le mal qui la dévorait ; sa voix sonore ne se faisait plus entendre ; son œil, où brillait le double feu d'une fièvre morale et physique, ne quittait pas son ouvrage ; elle n'éprouvait qu'un seul désir, et ce désir qu'elle ne pouvait satisfaire la conduisait au tombeau, en attaquant rapidement les sources de son existence.

Marguerite ne voyait pas l'étendue

du danger : accoutumée dès son enfance à ne rien refuser à ses passions, elle croyait sa fille presque tranquille, et elle demeurait persuadée qu'elle aimait médiocrement Rémond, puisqu'elle n'avait pas bravé pour le rejoindre les ordres de son père, et fait plus encore. L'amour chez elle ne s'accordait pas avec la retenue, car jamais elle n'avait connu la pudeur. Framond plus instruit eût pu peut-être mieux apprécier l'état de sa fille ; mais ses propres soucis l'occupaient, et d'ailleurs il n'avait garde de vouloir examiner ce qu'il était décidé à ne jamais permettre.

Il n'y avait dans la maison que madame Robal qui vît convenablement les choses ; elle s'apercevait du dépérissement de Geneviève ; elle ne se trompait pas sur ce qui le causait : aussi, pour ranimer la jeune fille, elle tâchait de la conduire chez elle où Rémond continuait à venir; mais ses bons offices n'avaient pas de succès. Geneviève résistait opiniâtrément à revoir celui qu'elle adorait : elle couvrait de ses larmes le visage de la couturière, et ne persistait pas moins dans son refus.

Madame Robal était un jour descendue de chez Marguerite, vivement affectée de l'état de mélancolie dans lequel la jeune fille semblait se complaire : elle rentra dans la salle où ses ouvrières travaillaient, et la place de Zoé était vide. Elle demanda pourquoi cette *demoiselle* n'était pas à l'ouvrage. La première ouvrière lui répliqua que depuis quelque temps mademoiselle Zoé n'était pas exacte à venir à l'heure fixée;

on ajouta que peut-être son père la retenait : « A moins que ce ne soit son bon ami, » ajouta une autre jeune personne, n'élevant pourtant qu'à demi la voix afin de placer plus convenablement sa malice.

Sur ces entrefaites Zoé parut; jamais elle n'avait été plus fraîche, plus jolie; le plaisir de la volupté brillait dans ses yeux, et le contentement éclatait dans le gracieux sourire qui parait sa bouche. A l'aspect de Zoé, madame Robal, par une pensée involontaire, rapprocha ce visage radieux de celui si morne, si souffrant de Geneviève, et elle en ressentit un mouvement de mauvaise humeur. Elle demanda à Zoé d'où elle venait, et pourquoi elle n'était plus exacte à venir à l'heure. Une réponse inintelligible fut balbutiée, et la fille du cabaretier se hâta de s'asseoir auprès de sa compagne, qui peut-être avait révélé la cause réelle de son retard.

« Mademoiselle Zoé, lui dit-elle tout-à-coup, que faites-vous de cette croix d'honneur accrochée à votre schall? Est-ce que des exploits qui nous sont inconnus vous auraient mérité cette décoration glorieuse? »

Les yeux de toutes les ouvrières se portèrent sur Zoé, et l'on vit en effet une croix et un ruban déchiré entortillés dans les franges du schall qu'elle avait posé sur une chaise. Un rire général et inextinguible dans le premier moment éclata de toutes parts; la pauvre enfant devint plus rouge que le ruban accusateur, et ses beaux yeux ne tardèrent pas à se remplir de larmes. Madame Robal fut seule à ne point partager cette maligne allégresse ; elle avait reconnu d'abord l'étoile qui parait Henri Rémond à une brisure assez remarquable qui en défigurait une des branches, et une vive indignation fut le seul sentiment que cette découverte lui inspira.

Zoé cependant, d'abord intimidée, reprit son assurance ; elle répondit, mais en bégayant, que peut-être elle aurait posé son mouchoir de cou sur la croix d'or de son cousin qu'elle venait de voir à l'instant, et cette réplique ne parut pas satisfaisante. On eut l'air cependant de s'en contenter, ce qui n'empêcha pas les propos à double-entente d'aller leur train, et les *demoiselles* d'être fort piquées de ce que leur égale avait un amant ainsi décoré.

Madame Robal ne disait rien ; elle quitta la salle, ne pouvant contenir son courroux. « Oh! les hommes! pensait-elle, les hommes! les voilà bien ; ce sont tous des monstres. Cette pauvre Geneviève se meurt, et lui.... lui prend patience, s'amuse à plaisir. Aussi a-t-il le temps d'attendre, et il le fait tranquillement. »

Ce monologue de courroux fut interrompu par un bruit qui se fit à la porte. La dame tressaillit, et l'avoué entra : il fut mal reçu ; on le querella d'importance, et sans trop de sujet ; mais il était le premier de son sexe à venir dans ce moment s'offrir à la colère de la couturière, et il était équitable qu'il payât pour le reste de l'espèce.

Le lendemain Geneviève descendait lentement l'escalier de la maison ; elle portait à la main une robe dont elle venait d'achever la brodure, et qui était soigneusement renfermée dans un carton plat. Geneviève se soutenait à peine; le feu de ses yeux avait presque disparu, et sa pâleur habituelle était encore augmentée. Madame Robal, véritablement attendrie, vint à elle:

« Eh bien, mon enfant, comment vous trouvez-vous?

» — Ma santé est bonne, dit Geneviève avec un sourire mélancolique qui démentait ses paroles; je suis faible, mais je puis marcher.

» — Et vous sortez?

» — Il le faut, j'ai là de l'ouvrage à rendre; on l'a réclamé : je viens de l'achever; il y a si long-temps qu'il était sur le métier ! »

Ici une larme sillonna la joue de

Geneviève, et elle continua son chemin. Madame Robal eut un instant la pensée de lui donner une de ses ouvrières pour l'accompagner; mais elle était aussi pressée par le travail, et elle écarta cette idée. Geneviève avait une longue course à faire; elle devait se rendre dans la rue des Trois-Pavillons au Marais; elle y fut en mettant un espace de temps considérable à franchir la distance. Elle se reposa dans la maison où elle allait; ceci lui redonna quelque peu de force, et elle en profita pour revenir avec plus de promptitude. Elle débouchait de la rue des Francs-Bourgeois dans celle du Temple, lorsque Henri se trouva à côté d'elle. Geneviève, en le voyant, poussa un cri et s'appuya contre la borne, tant elle éprouva une révolution subite. Henri, de son côté, témoigna une vive joie; il la prit avec vivacité dans ses bras comme pour la soutenir, et des paroles impétueuses lui exprimèrent tout ce qui se passait dans son cœur.

Geneviève dans ce moment, dont tous ceux qui ont aimé apprécieront la douceur, ne se rappela pas la défense de son père; elle aurait oublié tout l'univers: elle ne voyait que Rémond et ne songeait qu'au bonheur de se retrouver avec lui. Sa beauté en augmenta, et ses grands yeux brillèrent d'un éclat extraordinaire.

« Vous me paraissez bien faible, dit Henri, lorsque leur premier transport se fut calmé; serez-vous en état de continuer votre route? ne feriez-vous pas bien de vous reposer un instant?

« — J'avoue, répliqua la jeune fille, que ma santé disparaît chaque jour, et que mon corps se supporte avec peine. Cependant je ne puis rester toujours renfermée, il m'a fallu sortir pour aller bien loin, et je ne sais si j'aurai la force de revenir jusque chez moi.

» — Entrons dans ce café, vous prendrez du lait, et vous vous reposerez.

» — Non, Henri, je ne puis consentir à ce que vous me proposez ; laissez-moi m'appuyer sur votre bras, peut-être votre présence me rendra-t-elle le courage physique qui m'abandonne entièrement. »

Rémond ne répliqua pas ; ils marchèrent quelque temps se regardant avec délices, et s'expliquant les tourmens réciproques qu'ils avaient connus

CHAPITRE XX. 143

pendant leur séparation. Ils arrivèrent ainsi jusqu'à la rue Saint-Martin. Ici les couleurs qui avaient brillé un instant sur le visage de Geneviève disparurent tout-à-coup; elle s'appuya plus lourdement sur Rémond, et d'une voix altérée :

« Oh! que je me trouve mal, lui dit-elle; il m'est impossible d'aller plus loin.

» — Grand Dieu! s'écria Henri, pourquoi n'avez-vous pas voulu accepter mon offre? Voyez, il faut maintenant que vous vous y rendiez. »

En parlant ainsi, il la porta plutôt qu'il ne la conduisit dans un café situé à quelque distance. Geneviève n'était plus en état de s'y opposer; elle était dans cette espèce de délire que produit un éblouissement, et elle se sentait défaillir. Henri, dès qu'il l'eut placée sur un siége, demanda à la maitresse du lieu des fortifians que celle-ci s'empressa de lui apporter. On fit respirer des gouttes d'Hoffman à Geneviève; on lui frotta les tempes avec de l'eau de Cologne, et tant que dura son léger évanouissement, les angoisses de Rémond furent inexprimables.

Les soins qu'il donnait à son amie ne lui permirent pas de s'apercevoir qu'à une table écartée deux individus buvaient de l'eau-de-vie : ceux-ci le reconnurent d'abord ; ils exprimèrent leur surprise de cette rencontre par un blasphême; puis l'un des deux ayant examiné Geneviève, dit à son camarade:

« Paul, reste ici; veille sur eux et ne les quitte pas : je vais aller leur tailler de la besogne. »

CHAPITRE XX.

Après avoir prononcé ces paroles qu'il accompagna du sourire de la méchanceté, Teillon sortit du café sans qu'on le vît, tant les soins étaient rassemblés sur Geneviève, et il s'éloigna d'une course rapide. Pendant ce temps, la fille de Marguerite revint de son indisposition, et ses yeux, quand ils s'ouvrirent, purent connaître toute l'anxiété qui éclatait dans ceux de Rémond. Il ne parlait pas ; il ne savait que presser dans ses mains glacées celles de Geneviève. Alors la maîtresse du café prenant la parole :

« Voilà qui va bien, dit-elle ; Madame ne souffre presque plus, et dans sa position avec un jeune mari, il ne faut pas s'effrayer d'une maladie de ce genre. »

L'interprétation de sa grossière plaisanterie ramena un vif coloris sur les joues de Geneviève qui, baissant ses yeux, parut bien embarrassée.

« Vous êtes dans l'erreur, Madame, répondit Rémond; je suis l'ami de la famille de mademoiselle, et je n'ai pas le bonheur que vous me supposez. »

CHAPITRE XXI.

LE PÈRE ET L'AMANT.

Le temps qui change tout, change aussi nos humeurs;
Chaque âge a ses plaisirs, son esprit et ses mœurs.
BOILEAU, *Art Poétique*, chant 3.

Geneviève se trouvait mieux ; elle demeura quelque temps assise afin de recouvrer ses forces, et déjà elle se levait pour prendre le bras de Rémond, lorsque la porte du café donnant sur la rue fut ouverte avec précipitation, et Framond entra. Il porta sur-le-champ ses regards çà et là, comme s'il eût cherché quelqu'un, et lorsque ses yeux eurent reconnu sa fille, il ne parut néanmoins aucune surprise sur son visage. On eût pu deviner par-là qu'il savait à l'avance qu'elle était en ce lieu. Mais s'il se montra exempt d'étonnement, il ne put l'être de colère; tous ses traits se contractèrent, et s'approchant avec vivacité de Geneviève, il lui demanda rudement ce qu'elle faisait là.

Elle n'eut pas la possibilité de lui répondre. Frappée, à l'aspect de son père, d'une complète terreur, elle demeura immobile, et toute sa personne annonça une nouvelle défaillance. Henri, étonné comme elle, mais moins timide, dit à Framond avec une noble assurance qu'il avait rencontré mademoiselle Geneviève non loin de cette maison; qu'elle était déjà bien souffrante, et que ce n'était pas sans peine qu'il était parvenu à la conduire jusqu'à ce café, où elle avait achevé de tomber dans un évanouissement dont elle ne faisait que de sortir à l'instant même. La dame, compatissante à la situation des deux amans, que sa perspicacité en pareille matière n'avait pas tardé à lui faire connaître pour ce qu'ils étaient, vint à l'appui de Rémond, et entra dans des détails qui laissèrent à Geneviève le temps de se remettre.

« C'est donc, Monsieur, dit Framond avec une sorte d'ironie, des remerciemens que je vous dois de l'à-propos qui vous a jeté dans le chemin de cette jeune personne. Cependant, ajouta-t-il à voix basse, je ne vous en adresserai pas. Je suis trop vieux pour être trompé; et comme le docteur Bartholo, je sais ce qu'il faut croire de ces gens qui par hasard arrivent à point nommé où ils ne devraient point être, et où ils ont tant envie de se montrer.

» — Monsieur, répondit Rémond tandis qu'une noble rougeur colorait son visage, je n'ai jamais trahi la vérité; je n'ai pas eu à rougir dans toute ma vie d'une action condamnable, et tout autre que le père de mademoiselle... » Ici sa voix s'affaiblit encore, il hésita, voulut achever et ne put, tant plusieurs sentimens l'agitèrent avec violence. Il croyait pourtant avoir retenu ce qu'il y avait de plus amer dans sa pensée, et ne se doutait pas que ce qu'il avait dit d'abord n'avait que trop blessé Framond.

L'homme qui a quitté le chemin de la vertu ne peut entendre une parole indépendante ou honorable, sans qu'elle ne vienne retentir douloureusement au fond de son cœur. Framond avait trop suivi la route du vice pour ne pas se trouver dans ce cas, et les paroles de Rémond vinrent accroître la haine qu'il lui portait déjà. Ce n'est pas qu'il ne crût en sa sincérité, car la vérité a un accent auquel il est difficile de se méprendre : mais pour la seconde fois Henri avait l'air de l'attaquer, et voilà ce qui lui était insupportable. Il ne répliqua cependant pas, et resta debout devant sa fille, comme enseveli dans ses pensées. Elle lui demanda alors s'il voulait sortir. « Oui, » dit-il, et il donna l'ordre à un des garçons du café d'aller chercher une voiture.

Pendant ce temps, Henri restait sans trop savoir ce qu'il devait faire, et ne pouvant se décider à s'éloigner d'un lieu où Geneviève souffrait encore. Un profond silence régnait entre ces trois personnages. La maitresse de la maison était revenue à son comptoir, où elle paraissait engagée dans une conversation sérieuse avec un officier de cavalerie qui lui portait un vif intérêt. La voiture arriva enfin.

Framond y conduisit sa fille, qui, en s'y rendant, avait exprimé à Henri tout ce qu'elle ressentait pour lui, par un de ces regards qui ont tant d'éloquence. Il la fit monter; puis, lorsque le cocher avançait déjà la main pour renfermer le marche-pied, Framond, se reculant, rentra dans le café, vint à Rémond, et, le prenant par le bras:

« Jeune homme, lui dit-il, rien ne peut nous rapprocher, et tout nous

CHAPITRE XXI.

éloigne. Ma fille, de mon consentement, ne sera jamais à vous, et vous ne la déshonorerez qu'en m'arrachant la vie. La maison où nous nous sommes rencontrés a dû vous faire connaître la distance que la naissance a placée entre nous. Là je parais avec un titre que ne m'ont point enlevé mes longs malheurs ; ici je me montre tel que la fortune m'a fait. Je laisse à votre loyauté le soin de taire au monde entier les rapports désagréables établis entre nous par le hasard. Si vous les divulguez, vous ne ferez qu'ajouter à l'aversion que vous m'inspirez et que je vous portai dès le premier instant que je vous vis. »

Après ces mots prononcés rapidement, Framond, sans laisser à Henri le temps de lui répondre, monta dans la voiture et y trouva Geneviève une seconde fois privée de ses sens. A cet aspect, il poussa un cri terrible, et, tout hors de lui-même, il commanda au cocher de ne point faire marcher ses chevaux. Il redescendit, et, portant sa fille, il la ramena dans le café. Elle n'avait pu supporter, dans l'excès de sa faiblesse, la double émotion que lui avaient causée d'abord la vue subite de son père, et la colère de celui-ci contre Henri. Son dernier discours, quoiqu'elle ne l'eût pas entendu, avait ajouté à son anxiété et provoqué cette nouvelle défaillance.

Rémond pareillement avait cru entendre gronder la foudre quand Framond lui parlait avec tant de dureté. Immobile au dehors du café, il regardait avec une espèce d'hallucination

CHAPITRE XXI.

momentanée ce qui se passait autour de lui. Il ne pouvait comprendre ce qu'il avait pu faire à cet homme, et par quelle cause il avait allumé son courroux. Il s'indignait peut-être de ne pouvoir tirer de cet affront une noble vengeance, à laquelle la qualité de père de Geneviève dérobait Framond. Mais lorsqu'il eut vu son amante de nouveau privée de sentiment, il oublia tout ce qu'on venait de lui dire, et il s'élança pour la secourir.

« Ne m'avez-vous pas entendu? lui dit Framond avec énergie; ne me suis-je pas assez expliqué? et voulez-vous achever de tuer cette enfant? car je suis déterminé à ne pas vous laisser approcher d'elle.

» — C'est trop de cruauté, s'écria Rémond, pour que je m'y soumette, et, dans l'état où elle est, je puis mourir aussi ; mais je ne l'abandonnerai pas !

» — Retirez-vous, jeune homme, répliqua Framond en élevant la voix ; voudriez-vous disputer à un père ses droits sur sa fille ?

» — Est-ce les offenser que ne pas vouloir l'abandonner dans ce moment ?

» — Laisse-moi, ou crains que je ne me porte à quelque violente extrémité. »

Un éclat terrible allait suivre cette menace, lorsque l'officier de cavalerie dont nous avons parlé plus haut, et qui, avec l'espion Paul, était le seul étranger qui se trouvât dans le café, s'approcha de Rémond qu'à sa tournure et au ruban qui parait son vêtement, il avait jugé appartenir à l'armée, et, le prenant par le bras, lui dit :

« Contenez-vous, mon camarade ; vous voyez bien que ce monsieur ne possède pas toute sa raison. »

Le calme de l'officier, l'intérêt qui se peignait dans ses yeux, et, de plus, l'habitude de l'obéissance militaire, produisirent leur effet sur Henri. Il ne répliqua pas d'abord, mais il ne s'avança plus vers Framond comme il le faisait auparavant, et il laissa celui-ci porter Geneviève dans la chambre particulière de la maîtresse de la maison, qui, remplie de pitié à la vue de la jeune fille mourante, s'était empressée à venir offrir tout ce qui était en son pouvoir.

Tandis que le couple s'éloignait, Rémond revenait à lui. Il salua alors l'officier et le remercia d'avoir mis un obstacle à une véhémence dont il allait n'être plus le maître.

« Retirez-vous, lui dit le capitaine, c'est ce que vous avez de mieux à faire. Est-ce le mari ? est-ce le père ?

» — La jeune personne est sa fille.

» — Dans ce cas, il est encore plus convenable de le respecter. Lorsqu'un époux est de mauvaise humeur, et qu'il sort des règles de la bienséance, il y a des moyens de l'y ramener; mais un père, ses droits sont sacrés.

» — Je le sais comme vous, dit Rémond en soupirant, et je dois en donner la preuve. »

A ces mots, il salua l'officier et partit, le cœur navré et en proie à une douleur cruelle. Il descendait la rue Saint-Martin, marchant au hasard, lors-

CHAPITRE XXI.

qu'arrivé près du pont Notre-Dame, un embarras de charrettes, qui obstruait la rue des Arcis, l'obligea d'entrer dans une allée. Plusieurs individus y étaient déjà rassemblés, et parmi eux Rémond reconnut Teillon. L'aspect de ce misérable donna un nouveau cours à ses idées. Il l'avait en horreur; et combien plus encore il l'eût détesté, s'il avait su que cet homme était la cause de ce qui venait d'arriver! Teillon ayant aperçu, comme nous l'avons dit, dans le café de la rue Saint-Martin, Geneviève et Rémond, était sorti en toute hâte pour aller chercher Framond qu'il savait où trouver, et lui apprendre ce qu'il qualifia d'un rendez-vous convenu entre les deux amans.

Henri se trouvait dans un de ces momens d'exaspération où le caractère le plus doux devient malgré lui querelleur. Il ne fut pas fâché de trouver un sujet qui lui servît à épancher sa bile. Il fut droit à lui, et, le prenant par le bras, il lui demanda s'il le reconnaissait et s'il n'avait rien à lui dire. La vue d'Henri effraya Teillon ; elle lui enleva son peu d'audace, d'autant plus que, instruit de la mauvaise action qu'il venait de commettre, il se figura que Rémond lui en avait surpris le secret, et que c'était pour en tirer vengeance qu'il était là présentement.

« Monsieur, dit-il avec émotion, on vous a fait un faux rapport ; ce n'est pas moi, je vous jure, qui ai fait venir le père.

»—Quoi ! s'écria Henri que ce peu d paroles éclaira tout de suite, quoi ! scé lérat, est-ce toi qui viens de te souille d'un pareil crime ? Je t'en réserve le terrible châtiment. »

Au mot de crime, ceux qui entendirent Rémond se rapprochèrent de lui, et aussitôt se placèrent de manière à interdire la retraite à celui qu'il semblait accuser. La contenance de Teillon rendait plausible leur mesure. Il paraissait tout tremblant, et à chaque seconde la pâleur s'étendait davantage sur sa figure.

» Parle, misérable, poursuivit Henri; parle avant que je t'accuse.

» — Si Paul vous a mal parlé de moi, il a eu tort; si Framond m'a nommé à vous, alors.....

» — Qui? toi, toi, tu aurais des rapports avec le comte de Framond!

» — Je ne dis pas cela, je ne dis

rien; c'est vous qui me poussez sans que je vous aie rien fait.

» — Rien, vil espion ! n'as-tu pas deux fois insulté une jeune personne que tu n'étais pas digne de regarder? Ne t'en ai-je pas puni comme tu le méritais? Et maintenant que viens-tu de faire? quel demi-aveu m'as-tu fait? Parle, parle, ou pour cette fois on ne t'arrachera pas de mes mains. »

Le cercle curieux comprit à ces mots qu'il ne s'agissait point de quelque assassinat, mais d'une intrigue d'amour (il se trompait encore), et, par un nouveau mouvement, il laissa l'issue à celui des deux disputeurs qui voudrait s'éloigner le premier. Teillon, accablé par les menaces de Henri, et ne trouvant dans son cœur aucune énergie, répéta ce qu'il avait déjà dit, balbutia

CHAPITRE XXI.

quelques excuses, et s'attendait à tout moment à voir fondre sur lui son terrible adversaire. Rémond était exaspéré à tel point, qu'un combat corps à corps ne l'eût pas fait reculer; mais la poltronerie de Teillon le retenait; il ne se sentait pas le courage de frapper un malheureux qui ne se défendait qu'avec l'énergie de la lâcheté, celle que les hommes faibles retrouvent quand toute ressource de fuite leur est enlevée.

L'intention du suppôt de police était si bien exprimée sur ses traits, que les spectateurs le raillaient déjà. Henri le saisissant tout-à-coup avec force : « Allons, lui cria-t-il, pour la dernière fois, explique-moi ta conduite.

» — Citoyens, répondit Teillon en s'adressant à la multitude, je vous prends à témoin que ce chevalier a porté la main sur moi. »

Une huée générale fut la réplique des curieux, et Rémond, le rejetant loin de lui, le lança jusque dans la rue:

« Va, infâme, lui dit-il, c'est se déshonorer que de frapper un scélérat de ton espèce. »

Teillon, satisfait, s'évada aux cris et aux insultes de tous ceux qui avaient assisté à cette scène.

CHAPITRE XXII.

L'AMOUR MÉDECIN.

*

Un mari est le meilleur médecin que vous puissiez donner
à votre fille.

*

Il y avait trois jours et trois nuits que Marguerite veillait au chevet du lit de Geneviève. Celle-ci, depuis le moment que son père l'avait ramenée, était en proie au délire d'une fièvre ardente qui lui enlevait l'usage de la raison. La mère, vraiment touchée d'un pareil état, était elle-même mourante, et un désespoir farouche éclatait dans tous ses mouvemens. Framond, dès qu'il rentrait, accourait auprès de sa fille. Il restait un long espace de temps à la contempler, sans faire aucun geste, et comme enseveli dans ses réflexions; parfois quelques paroles s'échappaient de sa bouche; elles étaient menaçantes; elles accusaient Rémond des souffrances de cette jeune personne.

« Oui, disait ce père malheureux, j'en tirerai une vengeance terrible! je ferai disparaître cet insensé qui est venu, par son fol amour, porter le désespoir dans ma famille! Je ne puis commander aux sentimens tumultueux qui s'élèvent contre lui dans mon cœur; jamais je n'avais autant détesté un homme; aussi nul ne m'a plus offensé que celui-là; il m'a fait rougir; il a peut-être aussi avili ma fille. Ah! qu'il sera terrible le châtiment que je lui infligerai pour sa punition ! »

Madame Robal entra sur ces entrefaites; elle salua Framond en silence, et, s'approchant du lit de la malade, elle demanda à Marguerite si Geneviève l'avait enfin reconnue.

« Hélas ! répondit-elle, je n'ai pas encore obtenu cette douce consolation; elle est là sans raison depuis le moment où elle a été ramenée par son père, qui l'a rencontrée prête à s'évanouir dans la rue Saint-Martin. »

Madame Robal se mordit les lèvres comme pour retenir une question qu'elle allait faire; mais elle fit un signe à Marguerite, qui comprit qu'on voulait lui parler en particulier. La chose était impossible; Framond était là. En ce moment, le médecin arriva; c'était un homme grave, assez âgé, et dont la physionomie peignait l'obligeance et la bonté.

« Eh bien ! dit-il d'une voix pénétrée, qu'y a-t-il de nouveau depuis ce matin ?

» — Rien, Monsieur, dit Framond ; vous êtes après Dieu notre seule espérance.

» — Peut-être, reprit le docteur, il serait bon de s'adresser plus à lui qu'à nous ; car sa puissance est bien grande, et bien faibles sont les ressources de notre art. »

Marguerite, à ces paroles dont elle interpréta mal le sens, crut que sa fille touchait aux dernières heures de son existence, et sa douleur, jusqu'alors contenue, ne connut aucun ménagement.

« Modérez-vous, lui dit le docteur ; je n'ai pas voulu vous dire que toute ressource fût perdue, mais que l'appui d'en-haut est le meilleur de tous. Cette jeune fille est très-souffrante ; la fièvre la consume ; à cette cause il s'en joint une que je soupçonne, sans pouvoir la spécifier ; elle a son cœur blessé ; le moral chez elle souffre autant que le physique ; c'est à vous à m'instruire de ce que je ne puis que conjecturer. »

Marguerite allait parler ; Framond l'en empêcha.

« Non, Monsieur, dit-il, ma fille n'a rien qui la tourmente ; elle est née dans la médiocrité, et les vicissitudes d'une existence qui n'est pas toujours heureuse, n'accablent pas ceux qui doivent y être accoutumés.

» — Il est, à son âge, reprit le docteur, d'autres peines qui, au vôtre et au mien, semblent bien légères, et qui pourtant agissent sur la jeunesse avec l'activité d'un poison dévorant.

» — Et vous avez mis le doigt sur la blessure, s'écria Marguerite qui ne put être arrêtée par les signes de Framond. Cette enfant, qui est un ange sur la terre, aime un jeune homme doux et bien élevé. Ils ne peuvent être réunis, parce que tout s'y oppose, et depuis que Geneviève a entendu son arrêt de la bouche de son père, elle a chaque jour perdu sa santé, et est descendue vers le tombeau.

» — Je n'ai plus rien à dire, répondit le docteur. A Dieu ne plaise que je m'ingère dans les secrets des familles! Ma tâche sera dorénavant pénible. Mais songez, Monsieur, ajouta-t-il, en s'adres-

CHAPITRE XXII. 171

sant particulièrement à Framond, que, sans un peu d'espérance, les ordonnances d'un médecin n'auront aucun succès dans le cas qui se présente. »

Le docteur, à ces mots, fut écrire une potion calmante, et se retira en recommandant à Marguerite qui l'écoutait avec l'avide respect qu'un fanatique autrefois mettait à écouter la réponse de l'oracle qu'il avait interrogé, de ne pas craindre de venir le chercher, si la fièvre augmentait de malignité. Framond, qui redoutait une attaque de Marguerite, prit ce moment pour quitter la chambre. Il passa dans son cabinet, et peu après sortit par l'issue secrète qui donnait sur l'escalier.

Madame Robal le suivit des yeux jusqu'à ce qu'elle se fût assurée qu'il était dans la rue; alors elle revint précipitamment vers Marguerite : « Oh! le bon, l'aimable docteur, lui dit-elle, comme il a bien vu la vérité. Oui, ma chère voisine, votre fille est malade d'amour, et votre mari est la cause de cette dernière crise. » Alors elle lui raconta tout ce qui s'était passé dans le café de la rue Saint-Martin. Rémond venait de le lui apprendre ; il n'avait pu venir plus tôt; car ce jour-là ayant manqué à l'appel, on l'avait mis à la salle de police, et il venait d'en sortir seulement.

« Et où est-il ce jeune homme ? demanda Marguerite, qui ne s'occupait pas beaucoup de suivre avec exactitude les règles de la bienséance. Vous a-t-il paru s'intéresser vivement à Geneviève? »

CHAPITRE XXII.

Madame Robal, si elle eût été bien maligne, aurait pu raconter les distractions qu'Henri avait trouvées auprès de Zoé; mais Géneviève l'intéressait véritablement; aussi passa-t-elle sous silence cet épisode de la vie de son héros; elle s'étendit seulement sur l'amour qu'il portait à l'intéressante malade, et elle finit en disant que, dans ce moment même, il était chez elle à attendre les nouvelles qu'elle allait lui porter.

« Quoi ! dit Marguerite, serait-il aussi près ? Pourquoi ne monterait-il pas ? Il verrait ma fille, et peut-être se ferait-il entendre d'elle.

»—J'en avais la pensée, répliqua l'ambassadrice, et je n'osais vous le proposer; il serait possible que votre mari revînt, et comme il ne veut pas de ce jeune homme.....

» — Oui, ce matin il l'eût repoussé; mais vous venez d'entendre le médecin; croyez que Framond ne s'opposera pas à ce que je sauve sa fille.

» — Puisque vous m'en répondez, je n'ai plus rien à craindre, et dans un instant je vais être ici. »

En effet, trois minutes ne s'étaient point écoulées, que Rémond était dans la chambre, prosterné aux pieds de Geneviève, tandis qu'il versait des larmes de désespoir; il se leva lentement, et se rapprocha de la malade; celle-ci, posée sur le côté et colorée de la rougeur de la fièvre, respirait avec peine; ses yeux étaient fermés; elle semblait n'appartenir qu'à demi à l'existence.

Henri, encouragé par la bienveillance de Marguerite, prit la main de son amante et la serra tendrement dans la sienne. Soit l'effet du hasard, soit celui de la sympathie, Geneviève, jusqu'alors insensible à toutes les caresses de ses parens, éprouva un tressaillement soudain dans tout son être, et, par une impulsion machinale, sa main répondit à la pression de celle d'Henri. C'était déjà beaucoup; la mère eût voulu plus encore. Madame Robal, comme si elle eût deviné ce qu'elle devait faire, amena Marguerite vers la fenêtre, sous le premier prétexte venu, et pendant ce temps, Rémond, se penchant avec vivacité sur Geneviève, posa un doux baiser sur ses lèvres enflammées. Le coup électrique fut prompt. Geneviève frémit de nouveau, et ses yeux s'ouvrirent lentement toutefois.

Marguerite se retournait en ce moment; elle fut la première à voir le miracle de l'amour; elle s'élança vers Rémond, et, le pressant dans ses bras, elle lui donna le doux nom de fils. Cependant Geneviève, éblouie de la lumière du jour, avait déjà refermé ses paupières; elle n'était pas revenue à elle complètement; sa faiblesse était grande, mais le premier pas vers la santé était fait, elle avait un souvenir confus du passé, elle ne comprenait pas ce qui avait lieu alors autour d'elle; une vague idée lui disait néanmoins que son amant n'était pas loin, et l'amour devint le premier sentiment qui se réveilla dans son ame.

Sa mère, toute joyeuse, s'approcha d'elle à son tour, et, l'interpellant par les noms les plus tendres; la conjura de lui faire un signe, de lui dire un

mot qui prouvât qu'elle l'entendait :
« Bonne mère, murmura Geneviève d'une voix presque inintelligible, que vous devez souffrir de me voir en cet état !

»—Oh! mon enfant, répliqua Marguerite déjà baignée de pleurs, je ne souffre plus, tu viens de me rendre la plus heureuse des mères. Monsieur Henri, que je vous dois de reconnaissance, et qui jamais pourra m'aider à m'acquitter envers vous!

»—Henri! répéta faiblement Geneviève; Henri! il me semblait..... » Elle s'arrêta, et une rougeur bien distincte de celle de la fièvre passa rapidement sur ses joues.

»—Chère amie! dit Rémond à demi-voix et en réitérant la pression de la main qu'il n'avait pas abandonnée.

» — Oh! il est là, il est là, » répliqua Geneviève ; et en même temps d'abondantes larmes tombèrent de ses yeux, et une révolution heureuse eut lieu dans son tempérament. Il fut clair pour les trois assistans que le poids horrible qui pesait sur son cœur était brisé.

« Va, ma fille, s'écria Marguerite, sois tranquille, tu le reverras notre Henri, lui ton sauveur, lui que je n'apercevrai désormais qu'avec joie ; maintenant prends du repos, éloigne tout ce qui pourrait t'inquiéter ; espère, ton sort changera et tu seras heureuse. »

Geneviève ne partagea pas cette espérance, car elle secoua la tête ; elle ne répondit pas néanmoins, et elle demanda son père. On lui dit qu'il était

CHAPITRE XXII.

sorti, et quelques mots de Rémond la rassurèrent sur une catastrophe dont elle n'avait pu supporter la pensée. Ce soin achevé, la bonne madame Robal amena Henri malgré sa résistance, et lorsqu'elle fut avec lui sur l'escalier: « Mauvais sujet, lui dit-elle, franc étourdi, qu'avez-vous fait de votre croix? *Je l'ai perdue*, m'allez-vous dire. Oui, vous l'avez perdue, et l'une de mes ouvrières me l'a rapportée il y a quelques jours. Vous devriez mourir de honte. Un amour que Geneviève inspire doit-il être partagé! »

Ce discours était bien fort pour la couturière, mais la circonstance l'inspirait. Henri, confondu de ce qu'elle venait de lui apprendre, et transporté tout à la fois du bonheur qu'il venait de goûter près de Geneviève, rougit, ne lui répondit pas, et s'éloigna tandis que le cri du remords s'élevait dans son cœur.

CHAPITRE XXIII.

LES DEUX RIVALES.

*

Res est solliciti plena timoris amor.
OVIDE
L'amour n'est jamais sans soucis et sans inquiétude.

*

Depuis ce moment, Geneviève, rendue par l'amour à la vie, marcha vers la convalescence. Framond, le soir, quand il revint, demeura surpris et charmé de ce mieux qui s'était déclaré pendant son absence. Il n'en devina point, malgré sa perspicacité, la cause première, et crut que la nature avait fait seule un puissant effort. Il en jouit tout bas, s'applaudissant de ne pas avoir été contraint à appeler, pour rendre la santé à sa fille, un personnage qu'il ne pouvait souffrir. On lui avait apporté des dépêches; il les lisait avec attention, et se montra, par un geste involontaire, surpris de trouver dans l'une d'elles une injonction qui répondait si bien à sa pensée.

C'était cet individu qui déjà lui avait donné la commission de surveiller la famille Marville; il lui écrivait que plusieurs sous-officiers de toutes armes devaient incessamment se lier par un pacte dangereux à la paix publique; que, dans leur nombre, on citait le sieur Henri Rémond, et que, dans le cas où celui-ci ne fût qu'à demi-engagé dans cette intrigue, il était utile de l'y pousser entièrement. Lachenal, que

CHAPITRE XXIII.

l'on connaît déjà, lui était désigné comme le plus apte à conduire cette intrigue.

« Voilà qui est à merveille, dit Framond en lui-même ; je gage que les autorités ne soupçonnent pas l'existence de ce complot; on agit en leur nom, on les trompe, et nous profitons de leur erreur et de leur reconnaissance. Oui, Morbel, pour cette fois je vous obéirai sans peine; je ne serai tranquille que lorsque cet odieux jeune homme n'existera plus. Ne vous flattez pas, toutefois, que je vous livre Marville avec une égale facilité. Vous ne vous doutez pas des raisons qui me portent à le défendre; je l'éclairerai au bord du précipice, et si les autres y tombent, celui-là du moins n'arrivera que jusqu'au bord. »

Le lendemain, le docteur vint voir Geneviève. Le prodige qui s'était opéré lui eût paru incompréhensible s'il n'avait pas eu une vieille expérience, qui lui servait en toutes les occasions. L'air de contentement qui brillait sur les traits de la jeune fille, l'aplomb, l'assurance de la mère, tout lui annonçait qu'on avait suivi le conseil qu'il avait indiqué. « Ou toute ma science d'observation est fausse, se disait-il en lui-même, ou le miracle vient de l'amour. Les drogues d'une pharmacie ne produisent pas de tels phénomènes; le magnétisme lui-même n'aurait pas été si loin. »

Il est possible qu'en prononçant ces dernières paroles, le docteur sourît à part; il avait un véritable savoir; il croyait à la nature, et il détestait la charlatanerie. Cependant, en sortant de cette maison, il ne négligea pas de parler de cette merveilleuse cure, et tout en racontant la chose comme elle s'était passée, il trouva le moyen de s'approprier cette guérison. Les hommes sont ainsi faits; encore est-ce beaucoup lorsqu'ils ne prennent que ce qui leur appartient en partie.

Madame Robal, on ne sait pourquoi, aimait Geneviève et ne pouvait souffrir Zoé, quoiqu'elle la traitât en favorite. La craignait-elle? ce serait là un vrai motif : toute femme coquette éprouve de l'éloignement pour celle dont les dispositions lui font croire qu'elle marchera un jour dans la même carrière; la concurrence est à redouter là où le nombre de celles qui professent est grand. D'après ce que nous venons de dire, on ne s'étonnera pas si la couturière mettait le plus grand mystère à dérober à Zoé les fréquentes visites que Rémond rendait à Geneviève. La fille du cabaretier, déjà abandonnée, ressentait un violent dépit d'une conduite dont elle ne soupçonnait pas la cause ; elle ne se plaignait point, elle ne tombait pas dans une noire mélancolie. Les jeunes Parisiennes ont en général une grande force d'ame en une circonstance pareille ; elles savent combien la douleur est nuisible à la beauté, et pour ne point faner leurs attraits, elles ne donnent à l'infidélité de leurs amans, que ce qu'il faut pour montrer qu'elles en sont offensées, et rien au-delà.

Zoé eût bien voulu peut-être essayer à son tour si le changement ne la vengerait pas ; mais il est dans la vie de fàcheuses époques, où les circonstances ne viennent pas au secours de nos désirs ; où la plus jolie femme manque d'adorateurs de ses charmes. Zoé, par malheur, était dans cette position ; le hasard ne la servait point, et souvent elle boudait contre sa méchante fortune. Ce n'est pas que Rémond parfois ne songeât à elle ; l'exaltation d'une véritable tendresse, l'intérêt qu'une femme malade, et malade d'amour, inspire à celui qui sait d'où provient cette souffrance, l'attrait irrésistible qui porte vers la vertu, vers la maîtresse qui, tout en nous chérissant à l'extrême, n'a jamais dévié de la ligne de ses devoirs ; ces motifs puissans parlaient beaucoup en faveur de Geneviève. Mais, d'une autre part, Zoé était si franche, si séduisante, elle avait tant de reconnaissance des services qu'Henri lui avait rendus, elle en multipliait les preuves avec un tel abandon, une si complète vivacité, qu'elle méritait aussi des égards, et ne pouvait si promptement disparaître du souvenir.

Ce qui lui était le plus contraire, c'était les plaisanteries de madame Robal, depuis l'aventure de la décoration de la Légion-d'Honneur ; c'était la nécessité dans laquelle Henri croyait être, à cause de l'état de Geneviève, de montrer, de son côté, de la grandeur et de l'héroïsme, si l'on peut ici se servir convenablement de ce mot. L'homme est gonflé d'amour-propre ; il veut toujours donner de lui une idée supérieure, et il faut attribuer à ce motif la plupart des actions qui l'honorent *Que diront les Atheniens ?* s'écriai

Alexandre après l'un de ses plus beaux faits d'armes. — *Ah! si ma dame me voyait!* murmurait un jeune chevalier vainqueur dans un tournois. C'est toujours le désir de l'approbation extérieure qui nous fait agir; et si tant de mauvaises actions sont commises, c'est qu'elles peuvent l'être en secret, et que par conséquent elles n'attireront aucun blâme.

Dans la situation d'Henri, il fallait, pour faire le héros vis-à-vis de madame Robal, paraître ne s'occuper que de Geneviève; oublier pour elle tout autre attachement; renoncer aux voluptés terrestres pour ne songer qu'à de toutes spirituelles; en un mot imiter une jeune fille dans sa candide retenue. C'était un beau rôle à jouer, un peu pénible quand l'humanité reprenait ses droits; mais enfin, comme il avait un côté brillant, l'amour-propre du sous-officier y trouvait son compte, et s'il souffrait, ce n'était que tout bas. Ce n'est point que le plaisir ne représentât à son tour que mademoiselle Zoé méritait des égards; qu'on ne pouvait rompre avec elle comme avec une malheureuse abandonnée aux caprices de la multitude; que la galanterie a aussi son code et ses réglemens, comme l'amour le plus pur, et que, par conséquent, il était dans les convenances de dénouer par degré et non de rompre brusquement. Ceci s'offrait sous des motifs d'autant plus plausibles, que la fille du marchand de vin possédait de vrais charmes, et qu'elle était digne de toutes sortes d'égards. Un homme d'honneur n'est pas sans remords lorsqu'il manque à une jolie femme; la faute lui semble double alors. Tout bien compté, Rémond eût voulu pouvoir *rencontrer par hasard* Zoé, s'expliquer poliment avec elle, et ensuite ne plus la revoir. La fortune maligne en ordonna autrement.

Geneviève se rétablissait avec une extrême promptitude. A son âge, le mal qui est hâtif à nous accabler, nous abandonne avec une rapidité pareille. La nature possède alors d'immenses ressources qu'elle puise dans sa jeune vigueur. La vue de Rémond qui était appelé par Marguerite, ajoutait aux effets de son tempérament; elle avait trop souffert pour qu'elle songeât encore aux défenses de son père; elle ne songeait qu'à son amour, et, avec l'heureuse imprévoyance que cette passion fait naître dans les jeunes cœurs, elle ne s'occupait point de l'avenir.

Tandis que Rémond était auprès d'elle, ou madame Robal ou Marguerite, placée en sentinelle à la fenêtre, veillait à ce que Framond, par un retour imprévu, ne surprît pas les amans. Un jour que la mère de Geneviève était sortie, et que l'amie officieuse restait à son poste, chargée d'examiner les mouvemens de l'extérieur, et, par conséquent, n'ayant pas la possibilité de remarquer ceux du dedans, une dame envoie sa domestique réclamer une robe qui, depuis deux jours, occupait l'atelier de la couturière, à tel point ses garnitures étaient *conséquentes*. On nous passera l'expression que les ouvrières de madame Robal avaient, à ce sujet, employée une multitude de fois. Le chef-d'œuvre était fini, on pouvait le prendre. On l'avait pris, et, lorsqu'il fut parti, on jugea nécessaire de dépêcher vers la maîtresse afin qu'elle décidât l'ouvrage dont il fallait d'abord s'occuper.

Zoé, en qualité de favorite, et désirant savoir par elle-même des nouvelles de l'état de la santé de Geneviève, se donna l'ordre de venir trouver madame Robal, et monta légèrement l'escalier. Le canapé était placé en face de la porte; Geneviève y était assise; Henri, auprès d'elle, avait passé un bras autour de sa taille, et, avec son autre main, tenait celle de son amie. Une conversation attrayante les occupait; ils traitaient de leur existence future, et les jeunes filles savent combien un pareil sujet absorbe toute leur attention lorsqu'elles s'en occupent pour la première fois; elles ne s'étonneront donc pas lorsque nous leur dirons que Zoé, qui avait doucement ouvert la porte, était déjà parvenue au tiers de la chambre avant que les amans se fussent aperçus de l'apparition de ce nouveau personnage.

Geneviève, en la voyant, retira sa main avec vivacité, et Rémond demeura confondu à l'aspect de Zoé, dont les jolis yeux prirent tour à tour l'expression d'une violente colère et d'une excessive malignité; tandis que madame Robal, la tête placée en dehors de la fenêtre, et trahie par le bruit de la rue, ne songeait guère à ce qui se passait auprès d'elle, d'autant plus qu'elle était attentive à suivre et à saisir le sens d'une ligne télégraphique de gestes échangés entre un jeune commis et une belle marchande du voisinage. Rémond, comme tous ceux qu'on surprend en flagrant délit, se leva avec précipitation et courut chercher un siége pour Zoé.

« Il sera pour vous, lui dit-elle d'un ton aigre-doux ; je prendrai votre place, Monsieur, elle est bonne, et vous ne me la disputerez pas. » Puis, s'adressant à Geneviève : « Ah! petite trompeuse, lui dit-elle ; ce n'est pas bien que de faire de la peine à vos amies. »

Un regard de Geneviève, encore toute troublée, annonça à Zoé qu'on ne la comprenait pas. Celle-ci, quoiqu'assez peu versée dans la science de l'observation, en possédait néanmoins par instinct les premiers élémens, et ils lui apprirent que la convalescente ne jouait pas l'étonnement. Rémond alors lui parut doublement coupable ; elle était femme, et elle éclata. Ce fut d'abord par des épigrammes détournées, des phrases sur la fidélité jurée, des mots à double entente, que la tempête se manifesta. Henri, qui était dans son tort, n'était pas à cette heure assez fort pour lutter avec elle; il se débattait de son mieux, toutefois, en tâchant de donner un autre cours à la conversation; mais l'attaque devenait plus directe; la surprise de Geneviève augmentait; une explication fâcheuse allait avoir lieu, et dans l'état de celle-ci elle eût pu lui être fatale. La fortune, dans cette circonstance, vint au secours des deux amans, et elle prit la figure de madame Robal.

CHAPITRE XXIV.

LES DEUX QUERELLES.

*

Je lui susciterai des traverses sans fin. Ah ! il ne
me connaît pas.
DANCOURT.

*

UN mari de mauvaise humeur venait de rompre, par l'effet de sa seule présence, la ligne télégraphique, dont les mouvemens occupaient toute l'attention de madame Robal. L'élève de commerce avait couru reprendre son aune, et la jeune femme était revenue aux soins de son ménage ; tout était fini pour ce moment, et la curieuse ne voulut pas, en femme charitable, perdre une aussi belle occasion de divertir Geneviève aux dépens du prochain; elle tourna donc brusquement la tête vers elle, et la présence de Zoé lui donna un instant de mauvaise humeur; elle oublia que son rôle était de rester en vedette, et elle avança brusquement vers le théâtre du démêlé.

« Que faites-vous ici, Mademoiselle? » demanda-t-elle à Zoé qui ne s'attendait pas à ce que le volage Rémond reçût l'appui d'un aussi redoutable auxiliaire. La jeune ouvrière se leva par respect, et, du ton le plus humble, répliqua :

« Je venais, Madame, vous prier de nous faire connaître à quel ouvrage nous devions travailler; on vient de nous retirer celui de madame Cornu qui était fini, et ces demoiselles, en me chargeant de venir vous trouver, m'ont procuré le plaisir de voir Geneviève ainsi que Monsieur, qui, depuis long-temps, se dérobe aux témoignages d'une reconnaissance qui a peut-être trop éclaté.

» — C'est bien, Mademoiselle, s'empressa de répliquer madame Robal, dans la crainte que malicieusement elle n'en dît davantage ; allez donner à vos compagnes les robes de noces de cette veuve de la rue des Marmousets ; elles pressent, et je vous conseille de vous y mettre sur-le-champ. »

Ce conseil pouvait passer pour un ordre ; Zoé le comprit, elle devina en même temps que sa supérieure était passée dans le camp ennemi, et peut-être s'aperçut-elle pareillement du motif caché de cette défection. Ceci dut en ce cas augmenter sa colère; elle ne calcula pas les suites d'une résistance indiscrète, et, loin de partir, elle resta. Geneviève ne savait pas trop ce qu'elle devait penser de l'aigreur qui existait entre ces trois personnages; elle les regardait tour à tour, et chacun lui paraissait agité.

« Mademoiselle, reprit madame Robal, je croyais vous avoir prié de retourner au magasin.

» — Madame, répondit Zoé, votre présence y serait plus utile que la mienne, car *ces demoiselles* ne m'écoutent pas, et comme je sortais, j'ai cru voir Monsieur..... (c'était l'avoué) qui entrait chez vous par la porte qui vous est particulière. »

Ceci était une haute impertinence;

mais comment s'en fâcher si l'on ne voulait pas laisser paraître un dépit violent. La dame sentit le coup; elle se promit de ne point tarder à en tirer vengeance. Cependant il fallait prendre un parti, et un trait de lumière vint le lui fournir.

« M. Rémond, dit-elle, je ne puis rester, puisque mon homme d'affaires me demande; il faut donc que vous me suiviez. Adieu, mon enfant, poursuivit-elle en baisant Geneviève au front; ménagez-vous et vous serez heureuse, car vous méritez de l'être. »

Et sur ce elle emmena Henri avec promptitude, de manière à ce qu'il fût dégagé de la position difficile où il était par la présence de Geneviève et de Zoé. Mais dès qu'elle fut sur l'escalier, elle s'adressa à celle-ci : « Je vous fais mon compliment, Mademoiselle, vous ne daignez plus cacher vos amours.

» — A quoi bon le faire, Madame, lorsque tant d'exemples du contraire me sont fournis tous les jours par des personnes que je ne puis qu'imiter.

» — Vous êtes une insolente, et je ne vous pardonnerai pas la méchanceté de vos allusions.

» — Et moi, reprit Zoé, en versant ces larmes qu'on dirait que son sexe tient en réserve, je me trouve bien malheureuse d'être abandonnée par M. Henri et par vous. »

Il y a, dans toute attaque directe, une telle force, un tel ascendant sur ce qui est détourné, que l'aveu subit de Zoé lui donna presque gain de cause. Madame Robal sentit qu'en effet cette jeune personne ne devait rien à

Geneviève, et que même jusqu'à cette heure elle avait pu complètement ignorer l'affection qu'elle portait à Henri. Dès-lors où était sa faute lorsqu'elle se montrait courroucée de l'infidélité du beau militaire? et n'avait-elle pas raison de se plaindre d'avoir été, dans cette circonstance, traitée trop sévèrement ?

Rémond qui assistait à cette scène, reconnaissait en lui combien il avait été coupable. Il ne disait rien, mais, ainsi qu'on le dit, il n'en pensait pas moins; il baissait les yeux, il n'osait regarder Zoé, et celle-ci, qu'on avait cru mortifier, venait de remporter une victoire complète par la seule manifestation de la vérité. Madame Robal voulait sortir de cette position embarrassante; d'une autre part, *son homme d'affaires l'attendait;* elle fit alors ce qu'on fait souvent en des momens semblables, elle se raccommoda avec Zoé par un gracieux sourire ; elle adressa à Rémond une muette révérence, puis elle entra dans sa chambre où d'autres intérêts la demandaient.

Une jolie couturière en robe et un militaire aimable, qui ont des reproches à se faire, ne sont jamais fâchés qu'on les laisse tête-à-tête, lors même que c'est sur un escalier assez obscur d'une maison située dans la rue des Bourdonnais; toute querelle, dont un tiers ne se mêle pas, est bientôt apaisée, et une rupture qui n'a pas de témoins s'effectue toujours sans aigreur. Se raccommode-t-on ici, la chose ne nous paraît guère probable ; achève-t-on de se brouiller, nous ne le savons positivement pas; il est des circonstances qui engagent au silence, même ceux qui aiment le plus à parler, et on remarque que ni Zoé ni Rémond ne rapportèrent à qui que ce pût être la moindre particularité de cette dernière conférence. Zoé toutefois rentra au magasin avant que madame Robal eût terminé ses affaires, et Henri fut chez le général Marville, où il était attendu avec impatience. Laissons-le un instant, et revenons à d'autres personnages qui doivent aussi nous occuper.

Madame de Sédenart s'habillait pour sortir, lorsqu'on annonça M. de Clénord, qui lui demanda, presqu'en entrant, ce qu'elle *avait appris dans le monde.*

« Rien, lui dit-elle avec dépit.

» — Quoi! rien, vraiment rien ; je vous croyais néanmoins liée avec le chevalier de Fredeuil, et attendu sa qualité d'aide-de-camp du général D..., il est en position de vous apprendre des particularités très-curieuses.

» — Je le vois rarement.

» — Il faut le voir plus souvent, l'intérêt de la bonne cause l'exige; nous n'avançons pas, Madame; oui, nous restons au même point; nous sommes toujours à la porte de Paris, mais cela ne suffit pas, il faut que cette ville nous reçoive dans son enceinte, et pour qu'on nous y appelle, on doit y avoir besoin de nous. Et comment paraitrons-nous nécessaires, si nous ne prouvons pas notre utilité; or, pour la prouver, il faut sauver l'État, et on ne le sauve que lorsqu'il est en danger. »

Il y avait, dans cette série de conséquences, une supériorité de raisonnement qui frappait madame de Sédénart; elle savait qu'une trame était ourdie, et que ceux qui s'en mêleraient obtiendraient de hautes récompenses : elle, plus que tout autre, avait besoin de ces secours pernicieux qui ont amené tant de malheureux vers le précipice! Elle s'indignait également du peu de pouvoir qu'elle avait obtenu sur le chevalier, et tandis qu'elle répondait à M. Clénord, elle réfléchissait aux moyens qu'elle emploierait pour prendre une part active dans la funeste tragédie qui se préparait.

Framond, qu'elle voyait souvent, ne lui fournissait sur ce point que des données bien incomplètes. Chacun, dans ce vil métier, réservait pour lui les révélations importantes, et Clénord lui-même, tout en lui demandant ce qu'elle savait, n'avait garde de lui dire ce qui était venu à sa connaissance ; non que Clénord fût un de ces agens perdus qui travaillent pour une cause qui ne leur est pas personnelle ; il était, lui, un personnage important, chargé, en France, de représenter le chef d'une corporation redoutable ; il tenait dans ses mains les fils d'une multitude d'intrigues qu'il dirigeait à son gré. Il avait une ame forte, un vif désir de la puissance, peut-être aussi la conviction qu'il travaillait pour Dieu. Il est à remarquer qu'il y a, dans le fanatisme, plus de bonne foi qu'on ne le croit communément. Les enthousiastes, parmi les prêtres surtout, sont en grand nombre ; ils sont persuadés de ce qu'ils disent, et lorsqu'ils demandent une suprématie qu'on ne leur accordera plus, ce n'est pas pour eux seuls qu'ils la veulent, mais bien pour le plus grand avantage de la religion. A Paris, où l'on ne voit presque toujours que des ambitieux, on ne se doute pas de cette vérité, elle est pourtant incontestable. Le mal est donc dans l'éducation théologique des ecclésiastiques, ils songent peu à eux, et beaucoup à la puissance temporelle de l'Église.

Finissons ici cette digression qui nous conduirait là où nous ne voulons pas aller; rentrons dans notre sujet, et que nos lecteurs nous pardonnent si nous nous en sommes écartés un instant.

Madame de Sédenart se décida à frapper un grand coup. Elle devait voir Fredeuil dans la maison où elle passerait la soirée; et là elle espère l'amener au point de lui avouer un secret qu'elle a su pénétrer, et que le chevalier avait su lui taire. Elle arriva parée avec goût et munie de toutes les armes de la coquetterie : jamais elle n'avait été plus aimable, jamais elle n'avait vu autour d'elle une pareille foule d'admirateurs.

Ses succès, tandis qu'ils la rendaient heureuse, désespéraient le chevalier. Il était amoureux et jaloux, par conséquent il souffrait des agaceries que la dame adressait à d'autres qu'à lui; chaque sourire était un vol fait à sa tendresse; chaque doux regard une infidélité qui le mettait hors de lui. Vainement il passait et repassait devant elle; vainement il s'emparait de la chaise la plus rapprochée, et par une manœuvre adroite il écartait les autres afin qu'on ne pût les occuper. C'était sans succès; madame de Sédenart ne craignait pas de dire : « Marquis, approchez-vous; M. le colonel, prenez ce fauteuil. » On n'avait garde de désobéir, et, malgré les efforts du pauvre chevalier, sa maîtresse devenait l'objet de l'attention générale. Une telle conduite l'exaspérait au dernier point; il sentait le ridicule d'une scène jalouse, et plus il était torturé, mieux il cherchait à se contenir. Il essaya d'aller parler à une jeune femme qui, avec une aussi bonne envie de s'attirer des hommages, ne savait pas employer les moyens habiles de madame de Sédenart. Elle était seule dans ce moment, et accueillit avec une affable reconnaissance les propos galans du chevalier; mais y répondre avec esprit et légèreté, n'était pas en son pouvoir : la nature, en lui prodiguant la beauté, lui avait refusé des dons plus précieux encore. Sa bouche était charmante, et ne laissait échapper que des paroles communes; aucun trait, aucune saillie n'en sortait.

Ce ne fut donc pas avec plaisir que Fredeuil demeura quelques minutes auprès d'elle; il éprouva un vrai dépit quand il se vit contraint de lui donner le bras pour la conduire dans un autre salon, et, lorsqu'enfin il put se débarrasser d'elle, il se hâta de le faire, et courut où était madame de Sédenart.... Celle-ci avait disparu, et le chevalier, à son grand désappointement, apprit qu'elle était sortie de la maison pour aller ailleurs finir la soirée.

CHAPITRE XXV.

LA RUPTURE.

. . . . . . Il faut que les amans,
Soient toujours de leurs maux les premiers instrumens.
REGNARD, *Démocrite*.

« ENFIN vous voilà, Rémond; je ne savais que penser de votre absence; me laisser ainsi plusieurs jours sans venir me voir, sans m'apporter des nouvelles de l'affaire dont vous vous êtes chargé ! Je commençais à concevoir de véritables inquiétudes.

» — Croyez, général, répliqua Henri

à Marville, que si je ne vous ai point vu, je n'ai pas, au moins, perdu de temps. Mais plus d'un soin m'occupe; mon service, mes affaires, et la mauvaise humeur de mon chef, qui m'a puni, par trois jours de salle de police, d'avoir retardé ma rentrée de quelques minutes. Mes mouvemens ne sont pas libres comme les vôtres.

» — Qu'avez-vous donc fait de bon?

» — J'ai parlé au cœur d'un grand nombre de mes camarades; ils veulent ne servir que le Roi, et point les robes noires. Leur opinion est presque unanime sur ce point.

» — Elle est en tout conforme à la nôtre. Le seul désir qui nous guide, est que la France soit heureuse et puissante sous le chef qui la gouverne; nous ne ferons la guerre qu'à de perfides

CHAPITRE XXV.

conseillers, qu'à ces hommes qui font du trône un piédestal pour élever l'autel un peu plus haut. »

Ici la conversation fut interrompue par l'arrivée de deux ou trois officiers supérieurs; l'un d'eux était accompagné par son aide-de-camp, le chevalier de Fredeuil. Henri leur donna les renseignemens qu'il apportait à Marville, leur fit connaître l'esprit de ses compagnons, et une longue conversation s'en suivit. Elle roula entièrement sur les moyens d'exécution ; quand on fut convenu de quelques points principaux, on se sépara; Marville retint Rémond, et passa avec lui dans la chambre de sa femme.

« Julie, lui dit-il, il y a plus d'un homme sous ces traits doux et agréables; Rémond, ou je me trompe, parviendra sous peu à une brillante fortune. Ses parens doivent être glorieux de lui avoir donné le jour. »

Une expression de tristesse se répandit sur les traits de Henri, et la baronne, avec intérêt, lui demanda s'il avait encore son père et sa mère.

« Je les ai perdus depuis long-temps, répondit-il avec une vive émotion.

» — Ne vous reste-t-il aucun frère? poursuivit la baronne; n'avez-vous aucune sœur?

» — Je n'ai pas de frère, mais, grâce à Dieu, une sœur me reste; une sœur que je chéris de toutes les forces de mon ame ; quoique cependant....

» — Eh bien!

» — Je me suis séparé d'elle pour ne plus la revoir.

» — Vous avez pris là une résolution étrange; aurait-elle mal répondu à votre amitié ?

» — Les événemens nous commandent, ils nous entraînent malgré nous. Quelle est dans ce moment la famille qui peut se dire : Les nœuds qui réciproquement nous attachent ne seront jamais rompus.

» — Vous avez raison en ceci, dit la baronne, en même temps qu'un nuage couvrait aussi sa physionomie; les frères, les sœurs, sujets aux pareilles infortunes, vivent et meurent éloignés : heureux encore sont-ils lorsque du moins ils correspondent ensemble, lorsqu'ils peuvent se suivre dans leurs aventures, dans leurs plaisirs passagers ou dans leurs peines prolongées. Mais ceux qui se sont séparés sans retour, ceux qui ne savent si en songeant à leurs proches ils doivent former des vœux pour la prospérité d'un être qui existe, ou verser des pleurs sur une cendre insensible, ceux-là sont bien à plaindre; rien ne les console, et tout les abat.

» — Ma chère amie, dit ici le général, si je t'ai amené Rémond, ce n'a pas été pour réveiller en toi ces lugubres pensées. Il faut les bannir; vois leur influence, elle s'étend jusque sur ce garçon qui semble aussi partager ton inutile mélancolie. »

Madame Marville parut avoir envie de répliquer, et toutefois elle garda le silence. On eût pu deviner, aux palpitations de son sein, ce qui se passait dans son ame. Henri, ému comme elle, avait sans doute aussi un souvenir qui le tourmentait; il ne parlait pas, il tâchait de surmonter son agitation et de vaincre sa faiblesse. Le général, qui savait la cause du chagrin de sa femme, essaya, par une conversation importante, de lui faire oublier le passé; il y parvint avec assez de peine, mais il ne put vaincre également la tristesse qui avait saisi Rémond : celui-ci, plus accablé encore que la baronne, se trouvait également dans une plus bizarre position.

Pour en sortir il prit congé du général. Il rencontra sur l'escalier Lachenal qui l'arrêta, en lui disant : « Es-tu des nôtres, Henri?

» — Non, répliqua Rémond, je t'ai appris de cent manières à ne pas me placer sur ta ligne : que peux-tu être, toi qui n'as pu rester parmi nous ?

» — Je suis ce que tu es, ce que peut

être aujourd'hui le général lui-même. Quoiqu'il se cache de moi, je me cache de lui en revanche : je pousse à la roue de mon côté. Il y a des hommes qui ont en moi plus de confiance et qui savent compter sur moi.

» —Ils te jugent bien favorablement, mon pauvre Lachenal, et si je les connaissais, je crois que j'aurais là de bien communes connaissances.

» — Tu les jugerais autrement, et il ne dépend que de toi d'être admis dans leur nombre : ceux-là veulent aller vite en besogne ; ils n'ont pas peur, et ils frapperont avant les gens qui parlent comme des livres et qui par malheur ne font que cela.

» — Ils sont tes amis ?

» — Mes amis ! je le voudrais ; nous ne le sommes point, par malheur, quoique nous travaillions tous pour la même cause. Mais veux-tu que des officiers, des colonels, des généraux deviennent mes compagnons?

» — Je ne croirai ce que tu me dis là que lorsque je les verrai.

» — Tu les verras cette nuit même si le cœur t'en dit, car à une heure du matin ils seront à l'ouvrage.

» — Va pour cette nuit, Lachenal, je suis libre, on m'a donné une permission pour quatre jours; aussi je te mets au pied du mur, et te défie de me montrer ce que tu m'as promis.

»—A minuit précis trouve-toi sur le Pont-Neuf; j'arriverai à la même heure, et tu verras si je t'en impose. »

L'air résolu de Lachenal, en prononçant ces dernières paroles, donna à penser à Rémond; il réfléchit à l'imprudence qu'il y aurait à s'engager dans une aventure dont il ne pouvait apprécier les suites, lorsque surtout il avait déjà accepté vis-à-vis du général Marville une grande responsabilité. Lachenal put lire cette irrésolution sur sa figure, et tout triomphant de produire un pareil effet:

« Je gage, lui cria-t-il, que tu vas te dédire, et que tu ne viendras pas; voilà de mes braves : ils le sont tant qu'ils voient le péril; mais lorsqu'ils ne peuvent l'apprécier, alors ils reculent et l'évitent.

» — Infâme poltron, répliqua Henri, oses-tu bien me tenir un pareil langage? Va, jamais on ne te verra aux lieux où j'aurais refusé d'aller. Mais puisque je t'ai mis dans le cas de m'apprendre une partie de tes secrets, il faut que je te force à me communiquer le reste. Adieu : à minuit donc sans faute, au Pont-Neuf, sur le trottoir du côté de la statue de Henri IV ; c'est mon patron : celui-là bravait le danger. »

Rémond se sépara de Lachenal ; il lui restait encore près de six heures avant celle du rendez-vous. Il fut dîner chez un restaurateur, et son repas achevé, il dirigea sa marche vers les Tuileries : la nuit le surprit avant d'y être arrivé, et alors changeant de route, il revint aux environs du Louvre : c'était le lieu où il n'aurait pas dû aller. Qu'y faisait-il ? pourquoi se promenait-il devant la colonnade ? Nous ne le savons pas. A huit heures une jeune personne, la taille enveloppée dans un vaste manteau, et les traits cachés sous un chapeau de paille, s'avança aussi vers ce lieu; sa marche était lente et timide, elle regardait à l'entour : elle hésitait, s'arrêtait, et puis reprenait sa course. Elle arriva près de Henri : celui-ci ne lui dit rien, mais il lui offrit son bras, et tous les deux s'éloignèrent avec la rapidité de l'éclair.

Il s'ensuivit au bout d'un peu de temps une conversation très-animée. Henri interpellé se défendait mal, car la défense est sans chaleur lorsque le cœur ne vient pas au secours de la bouche.

« Mais, lui disait-on, pourquoi me tromper si vous l'aimiez ? ou ne l'avez-vous aimée qu'après ?.... »

Henri ne savait que répondre ; cependant il crut devoir répliquer:

« Vous êtes si jolie qu'auprès de vous on doit tout oublier; c'est ce que j'ai fait, car je la connaissais avant d'avoir eu le bonheur de vous obliger.

» — C'est mal à vous, car je vous eusse épousé. Je suis fille unique ; mon père a un bon commerce, et je le mène à ma volonté. Oh! M. Henri, que vous êtes coupable !

» — Je serai puni par la perte de votre amitié.

» — Reste à savoir si je pourrai vous la retirer ; je parais bien légère, mais la plus étourdie, quand elle a donné son cœur, ne sait trop en vérité comment le reprendre. Je sais qu'elle a plus de bon sens que moi, qu'elle est peut-être moins heureuse, et que moins faible....

» — Oh! ne parlons point de ces

choses-là. Je ne puis non plus vous oublier.

» — C'est ce qui prouve que nous eussions mieux fait de ne pas nous connaître. »

On entretint ces propos une heure au moins; enfin, la jeune fille, prenant une résolution héroïque, retira son bras de celui de Rémond.

« Adieu, lui dit-elle, adieu pour toujours. Je vous aime encore, mais je ne vous reverrai plus. »

Il voulut répondre, elle ne lui en donna pas le temps, et la rapidité de sa fuite l'éloigna bientôt de lui. Rémond demeura long-temps immobile; enfin il surmonta ce chagrin, et fut dans une maison amie attendre le moment que Lachenal avait fixé. Il se remit en route vingt minutes à l'avance, et arriva sur la place de l'École quand l'horloge de Saint-Germain-l'Auxerrois sonna le premier coup de l'heure convenue. Rémond traversa rapidement le pont, et comme il approchait de la statue du bon roi, il fut croisé par Lachenal qui, d'une voix basse et de manière à n'être pas entendu de la sentinelle, lui dit :

« Vive l'exactitude ! nos gens sont assemblés ; allons les rejoindre. »

Ils passèrent le long du quai des Augustins, et prirent par la rue de la Harpe.

FIN DU DEUXIÈME VOLUME.

TABLE

DES CHAPITRES

CONTENUS DANS CE VOLUME.

—

Chap. XIII. — Une autre Tentation. . . 1
Chap. XIV. — Le Récit. 20
Chap. XV. — Le Remords. 44
Chap. XVI. — Les Espions. 60
Chap. XVII. — La Perfidie. 78
Chap. XVIII. — Les jeunes Filles. . . 96
Chap. XIX. — La Perfidie et l'Amour. . 113
Chap. XX. — La Décoration indiscrète. 130
Chap. XXI. — Le Père et l'Amant. . . 147
Chap. XXII. — L'Amour Médecin. . . 165
Chap. XXIII. — Les deux Rivales. . . 181
Chap. XXIV. — Les deux Querelles. . 197
Chap. XXV. — La Rupture. . . . 213

Contes philosophiques et moraux, de Jonathan-le-Visionnaire, publiés par M. X.-B. Saintine; seconde édition, ornée de 2 vignettes; 2 vol in-12. Prix : 8 fr.

Résumé géographique de la péninsule ibérique, contenant les royaumes de *Portugal* et d'*Espagne*, par M. le colonel Bory de Saint-Vincent, correspondant de l'Institut, anciennement attaché au dépôt de la guerre; 1 vol. in-18 de 600 pages, orné d'une carte coloriée dressée par l'auteur. Prix : 5 fr.

Résumé géographique de la Grèce, contenant la Turquie d'Europe et l'Archipel; 1 vol. in-18, orné d'une carte coloriée. Prix : 5 fr.

Résumé de l'histoire des jésuites, depuis l'origine jusqu'à la destruction de leur société; suivi de Considérations sur les causes de leur élévation et de leur chute, et d'un Examen critique de leurs constitutions, par Ch. Laumier; 1 vol. in-18. Prix : 3 fr. 50 c.

Le Barbier de Paris, par Ch. Paul de Kock; deuxième édition; 4 vol. in-12. Prix : 12 fr.

Fray-Eugénio, ou l'Auto-da-Fé de 1680, par M. Mortonval; deuxième édition; 4 vol. in-12. Prix : 12 fr.

Le Tartufe moderne, par le même; deuxième édition; 3 vol. in-12. Prix : 10 fr.

Le Comte de Villamayor, ou l'Espagne sous Charles IV, par le même; deuxième édition; 5 vol. in-12. Prix : 15 fr.

Marguerite Lindsay, roman de mœurs écossaises, traduit de l'anglais d'Allan Cunningham, par madame la comtesse M***, et précédé d'une Notice par M. de Barante, auteur de l'*Histoire des ducs de Bourgogne*; deuxième édition; 4 vol. in-12. Prix : 12 fr

Osmond, par l'auteur d'Élisa Riwers et de Marguerite Lindsay; deuxième édition; 1 vol. in-12. Prix : 12 fr.

Le Prisonnier de guerre, manuscrit trouvé sur le bord de la mer à la suite d'un naufrage; 2 vol. in-12. Prix : 6 fr.

Zoloé, nouvelle africaine, par M. le comte de ***; 1 vol. in-12, sur beau papier. Prix : 3 fr. 50 c.

www.ingramcontent.com/pod-product-compliance
Lightning Source LLC
Chambersburg PA
CBHW060119170426
43198CB00010B/955